東弁協叢書

第2版

弁護士の周辺学

実務のための
税務・会計・登記・戸籍
の基礎知識

高中正彦
市川　充
堀川裕美
西田弥代
関　理秀

JN003226

ぎょうせい

❈はしがき❈

弁護士が日常の法律業務を処理するうえで、税務、会計、登記、戸籍などの周辺領域の基礎知識が必須であることが実証されたのでしょう、本書旧版は、私たちの予想をはるかに超える多数の読者を迎えることができました。その反面で、私たちは、本書の内容に修正が必要な部分が出てきたときは、アップ・ツー・デートなものにしておく責務を負ったようにも感じていました。

そのようなところ、旧版刊行から6年近くが経過し、民法の債権法と相続法の改正をはじめとする関係法令の改正、各種手続の電子化の進展などが積み重なったので、改訂作業に取りかかることになりました。まず、法令改正や各種手続の変更をフォローするとともに、養育費の課税、電子契約、法定相続情報証明制度、配偶者居住権等登記、債権譲渡登記・動産譲渡登記、保証意思宣明公正証書についての解説を新たに加えました。また、気楽に読めるCoffeeBreakについても、1本を削り、6本の追加をしてみました。

このような改訂によって本書第2版が生まれましたが、再び多くの読者の皆さんに迎えられることを私たちは期待しております。

なお、第2版についても、宇賀神久雄公認会計士に税務と会計のチェックをお願いしましたし、株式会社ぎょうせいの皆さんには校正などで大変なお世話をいただきました。ここに心から の感謝を捧げたいと思います。

2021（令和3）年7月

髙中　正彦
市川　　充
堀川　裕美
西田　弥代
関　　理秀

❖旧版はしがき❖

本書は、弁護士実務を行ううえで必要となる周辺領域についての基礎的な知識を提供し、誤りのない法律事務処理をしていただくことを目的に執筆したものです。

私たち執筆者の体験でも、特に弁護士実務に就いたばかりの時期は、司法研修所での実務研修でもほとんど習わない特別法の適用がある事件や教科書には書いていない実務慣行などに次から次へと遭遇し、嘆息したことが度々ありました。弁護士として実務を重ねてきた今でも、そのようなことがなくなる訳ではありません。その中で、弁護士の実務に関連してその周辺領域に関する専門的な基礎知識がないことで大いに戸惑うことがあげられます。たとえば、税務に関する基礎知識がないために依頼者に適切なアドバイスができなかったり、登記実務に関する基礎知識がないためにどのような書類を用意するかに悩んだり、会計の基礎知識がないために財務諸表の意味がよくわからなかったりしたことがしばしばありました。

そのようなときに、税務、会計、登記、戸籍などの周辺領域に関する基礎的事項を初心者にもわかりやすく解説してくれる入門書があればどれだけ助かったかという思いを共通にする私たち執筆者のもとに、周辺知識の入門書を執筆してみないかとの誘いがありました。そこで、私たちは、「弁護士の周辺学」と題した書物の刊行を決め、解説する項目と執筆担当者の選定に入りました。堀川、西田、関の３名は、弁護士経験７年前後の若手であり、若手弁護士は日頃どのようなことで悩んでいるか、基礎的事項を理解してもらうにはどのように叙述すればよいかをある程度体験的に知っていますので、若手弁護士の誰もが悩む事項について、そのような方々の目線にたって原稿を執筆しました。図表を多用したのもこの３名のアイデアです。また、髙中は弁護士経験36年に、市川は同20年になりますので、比較的実務経験を積んだ後に重要度を増してくると思われる部分を執筆したほか、ちょっとしたお役立ち豆知識を執筆し、全体を俯瞰して叙述の繁閑を修正したり表記方法を統一する作業を担当しました。若手弁護士の方には、疑問が生じたとき、わからない専門用語にぶつかったときに、逐次本書の該当箇所をひもといていただき、実務処理の一助にしていただければと念願しております。また、相当の実務年数を積んだ弁護士が周辺知識を総ざらいしたいという場合にも有用だと確信しています。

ただ、周辺基礎知識といっても専門的事項の解説ですから、どうしても難しくなりがちです。私たちは何度も原稿の検討会議を開き、表現方法の見直しを討議しましたが、それでも一度読んだくらいでは理解できない記述もあるのではないかと思います。また、ほかにも解説を加えるべき重要な項目が漏れていることもあろうかと思います。これらについては、ぜひとも忌憚のないご意見をお寄せいただきたいと考えています。ご意見をもとにさらに充実した書物にしていくつもりです。

終わりに、税務と会計の原稿について、誤りがないかどうかのチェックをしていただいた宇賀神久雄公認会計士に、この場を借りてお礼を申し上げます。また、本書の刊行については、株式会社ぎょうせいと東京都弁護士協同組合の皆さんに終始大変なお世話をいただきました。心から感謝申し上げます。

2015（平成27）年7月

髙中　正彦
市川　　充
堀川　裕美
西田　弥代
関　　理秀

❈本書の構成❈

◇　各項目の冒頭に［**Scene**］を置き、読者の皆さんに問題の場面を想像してもらうことにしました。

> **新田弁護士**（28歳）……司法修習72期の新人弁護士です。法科大学院を卒業した年に司法試験に合格し、先輩弁護士の紹介によって高川弁護士のイソ弁になりました。親族に法曹関係者はなく、中小企業の企業法務や一般民事事件を幅広く扱う弁護士を目指しています。
>
> **高川弁護士**（58歳）……司法修習42期の中堅弁護士です。弁護士15人の中規模事務所で5年のイソ弁生活を送った後に独立しました。15年前からイソ弁を採用するようになり、新田弁護士が3人目のイソ弁です。損保会社とリース会社の顧問をしているほか、中小企業の顧問が10社前後あります。顧問先の依頼事件と市民の依頼事件を取り扱っています。

◇　解説は、若手弁護士にとって簡潔でわかりやすいことを終始念頭に置きました。参考文献は、読者によって要求の範囲がまちまちであろうと考え、記載していません。税務であれば、金子宏・租税法（弘文堂）がベーシックな体系書でしょうし、弁護士向けの税務解説書が相当数刊行されています。登記や戸籍であれば、不動産登記法等の体系書のほかに、登記実務や戸籍実務の解説書がこれまた相当数あります。必要に応じて他の文献にあたってみられるようお願いします。

◇　各項目の最後に［**Point**］の欄を設けて、読者の皆さんに注意しておいていただきたい事項をまとめました。新人・若手弁護士に贈る留意事項とでもいうべきものです。

◇　ところどころに［**Coffee Break**］の欄を挿入しました。これは、弁護士実務を行っていくうえで知っておくと便利な知識です。骨休めとしてお読みいただければ幸いです。

❖凡　例❖

1　法　令

法令は、令和３年４月１日現在のものとしました。

2　判　例

判例の引用は必要最小限にしました。

略記の方法は、次のとおりです。

最高裁判所平成○年○月○日判決・最高裁判所民事判例集１巻２号３頁

→最判平成○・○・○民集１巻２号３頁

判例集の略記は、次のとおりです。

民集＝最高裁判所民事判例集

刑集＝最高裁判所刑事判例集

判時＝判例時報

判タ＝判例タイムズ

❖目　次❖

第2章　登記の基礎知識

Chapter

第3章　戸籍の基礎知識
Chapter

第4章 公正証書の基礎知識
Chapter

第5章 会計、不動産・株式評価、社会保険の基礎知識
Chapter

Coffee Break

第1章

税務の基礎知識

1 不動産取引をめぐる税務

Section

Scene

新田弁護士は、高齢のAさんから、「将来相続税ができるだけかからないようにするため、自分名義の土地を息子の名義に変更したい」との依頼を受けました。Aさんは多額の資産を所有していたため、不動産の名義を書き換えるという希望をかなえてあげたいと考えました。そこで、高川弁護士に相談したところ、どのようなやり方があって、それぞれどのような税金がかかるのかよく調べ、もう一度検討するようにと指導されました。

不動産取引にかかる税金はどうなっているのでしょうか。

(1) どのような税金がかかるか

不動産取引は、取引対象となる資産の価額が高額になることが多く、その取引にかかる税金もこれに伴って高額になることから、当事者の関心は非常に高くなっています。しかし、取引の当事者が誰であるか、取引の内容がどのようなものかなどによって、かかる税金もまちまちとなり、得てして「こんなところにも税金がかかるのか」というような落とし穴があります。3頁の一覧表で確認してください。

さらに、不動産については、所有権移転登記や抵当権設定登記の抹消登記などを伴うのが通例ですから、登記に関して登録免許税が課されることとなります。この登録免許税の負担に関しては、所有権移転登記については、買主が、抵当権設定登記抹消登記については、売主が（金融機関は抵当権抹消のための必要書類を被担保債権全額の弁済と引換えに交付するだけで、登録免許税の負担をしないのが通常です）負担するのが一般的です。

また、取引の時期によっては、取引当事者間で固定資産税・都市計画税の精

不動産取引にかかる税金

［売買の場合］

主体	売主側にかかる税金	買主側にかかる税金
個人	譲渡所得税	不動産取得税・低額の場合は贈与税
法人	法人税（益金として算入）	不動産取得税・低額の場合は益金算入

※売主側が課税事業者の場合、建物を売却した場合には消費税を納める義務があります。

［贈与の場合］

当事者	贈与者側にかかる税金	受贈者側にかかる税金
個人から個人	なし（連帯納付義務）	贈与税・不動産取得税
個人から法人	譲渡所得税	法人税・不動産取得税
法人から個人	法人税	一時所得として所得税・不動産取得税
法人から法人	法人税	法人税・不動産取得税

算をすることが必要です。固定資産税・都市計画税は、1月1日に所有権を有する者に賦課されますから、この精算を行うことはほとんどの不動産取引に随伴します。なお、この精算金は、税務上譲渡代金に含まれます。

以下では、それぞれの事例ごとに、どのような税金が課されるか、どのような特例があるかなどについて見ていきます。

(2)　不動産売買にかかる税金

①　個人の不動産の売却

ア　売主にかかる税金

㈠　原　則

個人が不動産を売却しようとする場合、最も重要なのは、譲渡所得税です。

なお、売主側が消費税法上の課税事業者の場合、建物を売却した場合には消費税を納付する義務があります（土地については、消費の概念になじまないことから、非課税取引とされています）。したがって、土地と建物を同時に売却する場合、総額を記載するのではなく、それぞれの金額を区別して記載しておかないと、消費税を計算することができないことになります。消費税については後述（4）も参照してください。

譲渡所得税は、個人が不動産を売却した場合には、譲渡価格から取得費（☞8頁）および譲渡費用（☞9頁）を差し引いた「譲渡益」に対して、譲渡所得税と住民税（地方税）が課税されます。これらは、その個人の他の所得（給与所得、事業所得等）とは分離して課税されます（分離課税といいます)。譲渡所得税は、所有資産の所有期間における価値の増加益、すなわちキャピタル・ゲインに対する課税です。

譲渡をした年の1月1日において、所有期間が5年を超える場合の譲渡による所得を「長期譲渡所得」、5年以下の場合を「短期譲渡所得」といいます。それぞれの税率は、次のようになっています。

長期譲渡所得の税率　→　譲渡所得税15％／住民税5％
短期譲渡所得の税率　→　譲渡所得税30％／住民税9％

※平成25年から令和19年までは、復興特別所得税として基準所得税額の2.1％を納付する。

そして、具体的な税額は、次の算式によって算定します。

〔売買価格－（取得費＋譲渡費用)〕×税率　＝　税額

なお､譲渡価格から取得費および譲渡費用を差し引いたところ､譲渡損失（マイナス）が生じた場合には、他の不動産を売却して譲渡益が出ている場合の損失を譲渡所得の金額から控除することができます。

しかし、不動産については分離課税とされるため、控除をしてもなお控除しきれない譲渡損失の金額は、事業所得や給与所得などの他の所得と損益の通算をすることはできません。ただし、所有期間が5年を超える居住用資産を譲渡したときに生じた譲渡損失の金額については、一定の要件を満たす場合には譲渡をした年に事業所得や給与所得など、他の所得との損益通算をすることができ、これらの通算を行ってもなお控除しきれない損失の金額については、その譲渡の年の翌年以後3年間にわたり繰り越して控除することができるという特例があります。詳しくは国税庁のホームページ（https://www.nta.go.jp/taxes/shiraberu/taxanswer/joto/3370.htm）を参照してください。

(イ)　居住用資産の売却

(ア)の原則にかかわらず、居住用資産を譲渡する場合には、買主が親族等ではないなどの一定の要件のもとに、次のような特則があります。個人が依頼者の場合には、居住用資産としての不動産売買が多いと思われますので、この特例は覚えておく必要があります。

(a)　所有期間にかかわらず、3000万円の特別控除があります。

したがって、譲渡価格から取得費および譲渡費用を控除した金額が3000万円以下となる場合には課税されません。

(b)　(a)の控除をした後に譲渡益があるときは、その譲渡益に対して、所有期間に応じて次のとおりの税率が適用されます。

・所有期間が10年を超える場合		
譲渡益が6000万円以下の部分	→	譲渡所得税10%／住民税4%
譲渡益が6000万円を超えた場合の超過部分	→	譲渡所得税15%＋600万円／住民税5%
・所有期間が5年を超え10年以下の場合	→	通常の長期譲渡所得の税率と同様
・所有期間が5年以下の場合	→	通常の短期譲渡所得の税率と同様

なお、ある土地が「居住用」敷地にあたるかどうかは、土地の具体的な利用状況、土地に関する権利関係、当事者の認識等を総合的に勘案し、社会通念上当該土地が当該家屋と一体的に利用されている土地であるかどうかにより判定します。一団の土地の上に居住用家屋とそれ以外の建物が混在し、障壁もなく土地の利用状況が不明確なときは、居住用家屋とそうでない建物の割合的数値にもとづいて譲渡所得を分割し、居住用建物部分について特例を適用します。

(ウ)　居住用資産・事業用資産の買換えの特例

既存の居住用資産を売却し、新たな居住用資産に買い換えようとする場合には、買い換えた時点で課税はせず、新しく取得した新居住用資産を売却する時まで課税を繰り延べる（税金の支払を猶予してもらう）ことができます。

事業用資産の買換えの場合も、一定の要件のもとに、課税の繰延べが認められています。

したがって、居住用資産または事業用資産の買換え後、さらにその資産を売却しようとするときは、以前の買換えの際の譲渡所得税と当該売却についての譲渡所得税とがかかることになりますので、相談者がこれらの資産の売却を検討している際には、過去に課税の繰延べを選択したか否かも確認することが求められます。

なお、これらの特例は、要件等がかなり細かく定められていますので、適宜税理士などに相談することをお勧めします。

㈎　その他の特別控除、軽減税率等

以上のほかにも、次のような特別控除や特別の軽減税率の適用が認められています（令和3年4月現在）。

・土地収用等のための譲渡の場合	→	5000万円
・特定土地区画整理事業等のための譲渡の場合	→	2000万円
・特定住宅地造成事業等のための譲渡の場合	→	1500万円
・農地保有合理化等のための農地等の譲渡の場合	→	800万円
・優良住宅地等の供給促進に資する土地の長期譲渡（5年以上保有）の場合		
譲渡益が2000万円以下の部分	→	譲渡所得税10％／住民税4％
譲渡益が2000万円を超えた場合の超過部分	→	譲渡所得税15％＋200万円／住民税5％

㈏　地主から底地を買い取った場合

借地権者が地主から底地（所有権）を買い取ったうえで（借地権は所有権と混同して消滅します）これを第三者に売却した場合、借地部分の所有期間が5年を超えていれば、借地部分については長期譲渡所得になり、底地部分は短期譲渡所得になります。

上記の場合は、それぞれ分けて税率を計算することになるので、注意が必要です。

事例（借地権割合＝借地権７割／底地３割の土地と仮定）

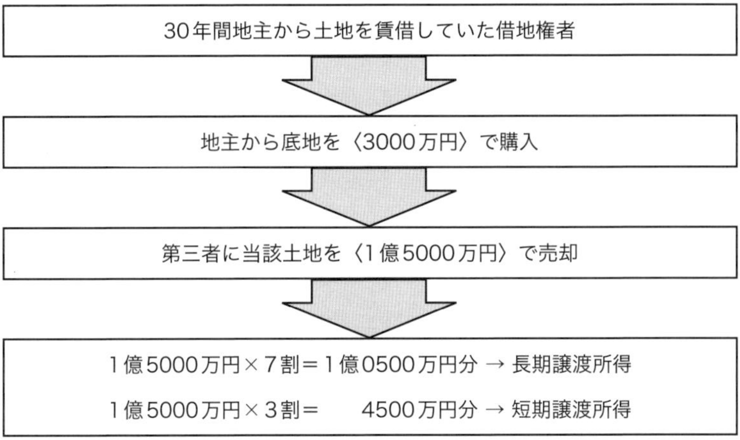

(カ)　資力を喪失して債務を弁済することが著しく困難な場合の不動産の売却

不動産の所有者の財務状況が債務超過によって著しく悪化している場合には、譲渡所得税は課税されません。債務整理手続に入り、不動産を任意売却する場合、担保不動産競売などによって不動産が強制換価される場合などが典型例です。

(キ)　保証債務の履行としての不動産の売却

不動産の所有者が主債務者の債務の保証をしていたところ、保証債務の履行のために不動産を売却することとなった場合において、保証人の主債務者に対する求償権の行使ができなくなったとき（主債務者が破産したときなど）には、弁済した保証債務額については所得金額がなかったものとみなされ（所得税法64条）、譲渡所得税は課税されません。求償権の行使が不能かどうかは、主債務者の資産状況や支払能力等の債務者側の事情と債権者側の事情等客観的事情を総合的に考慮して、求償権の回収の見込みがないことが確実となったかどうかで判定されます。保証した当時に求償不能であることを知っていたときは、この特例は適用されませんので、注意が必要です。

なお、不動産の所有者が他人の債務のために自己の不動産を担保提供していたという物上保証の履行も、同じように考えられます。

(ク)　取得費と譲渡費用

◆ 取得費

「取得費」とは、当該不動産を所有するに至った当時、これを取得するのに要した費用のことを指します。たとえば、以前買い受けた不動産を売却するという場合には、買い受けた当時の買取代金が取得費になります。なお、建物の場合は、買取代金ではなく、毎年の減価償却費分の金額を差し引いた金額が取得費になります。

取得費に含まれるものと含まれないものは、次のとおりです。

(1)　買い受けるために資金を借り入れた場合の借入金利息

取得した資産の使用開始の時点以前における借入金の利息は、取得費とすることができます。使用開始時点以降の借入金の利息は、資産の維持管理のための費用であるとされ、取得費に算入することはできません。

〈使用開始の時点とは？〉	
〈土地の買受けの場合〉	
買受け後、使用しないで売却した場合	→ 売却の時点まで
土地買受け後に建物等を建築した場合	→ 建物等の供用開始日
建物等が既に存在する土地の買受け	→ 建物等の供用開始日
建物等を建築しない目的での土地の買受け	→ 本来の目的のための使用を開始した日
〈建物の買受けの場合〉	→ 本来の目的のための使用を開始した日

(2)　資産の取得について争いがある資産

当該資産が、資産の取得について争いのある資産であった場合には、当該資産の所有権等を確保するために必要だった訴訟費用は、取得費として算入することができます。たとえば、時効取得を原因として所有権移転登記手続請求訴訟を提起した場合の訴訟費用です。訴訟費用には、弁護士に支払った弁護士報酬も含まれます。

(3)　借地権

借地権の売却について、買受けに際して借地上の建物も含めて購入し、その後おおむね1年以内に当該建物を取り壊した場合には、借地権を利用するための建物の購入であったものと考えられるため、当該建物の取壊し時における帳簿価額と取壊費用の合計額を、借地権売却の際の取得費とすることができます。

⑷　概算取得費

譲渡資産が不動産である場合、買い受けた際の経緯や代金額が不明であったり、買い受けたのが相当に昔であるために取得費が極めて低廉であるなど、取得費の算定が困難な場合には、その取得時期にかかわらず、収入金額の100分の5相当を概算取得費とすることが認められています。

相続、遺贈、贈与によって取得した場合には、前所有者の取得日と取得価額を承継するものとされています。ただ、相続の場合は、被相続人がいくらで不動産を取得したかの資料（たとえば売買契約書）がないことが多く、仮にあったとしても、物価指数の違いから極めて低廉な額になっていることがほとんどではないかと思われますので、相続財産を売却するときには、この概算取得費を採用することが多いでしょう。

◆ 譲渡費用

譲渡費用に含まれるものは、次のとおりです。

(a)　登記費用、仲介手数料、契約書作成費用（収入印紙代を含む）、測量費用、不動産鑑定費用、売却のための広告に要した費用、地主に支払った借地権の名義変更料などがあります。借地権付建物を譲渡しようとする場合、借地権者の承諾が必要ですが、名義変更料とは、借地権譲渡の承諾の対価として、地主に対して支払われる一定の金員のことであり、名変料と略したりします（名義書換料と呼ぶこともあります）。その金額は、地域によってばらつきがありますが、借地権価格の1割程度の金額が目安となっています。

(b)　有利な条件で他に売却するために支払った継続的契約を解約したときの違約金、取引価額を有利にするために賃借人に支払った立退料、賃借人に対する立退交渉のために支払った弁護士費用なども、譲渡費用に含まれます。なお、取引価格を有利な条件にするために更地にする場合の建物取壊し費用も譲渡費用に含まれますが、この場合には、売却の際の売買契約書に更地として売買する旨（更地としての引渡義務がある旨）を明記しておく必要があります。

イ　買主にかかる税金

これまで見てきたように、売主には譲渡所得税が課税される一方、買主については、売主が消費税を納付すべき場合に建物価格に消費税が上乗せされることがある点、不動産取得税、登録免許税、契約書作成時の印紙税などのほかは特に課税の問題は生じません。ただし、時価に比して購入価格が著しく低廉である場合には、その差額については贈与とみなされ、後述の贈与税課税の対象になる可能性があります。どの程度の乖離をもって著しく低廉となるかですが、鑑定評価額1億8600万円の土地を、8439万9000円で売買した事例で、著しく低廉とされています（大阪高判平成20・3・12税務訴訟資料258号）。時価の半分程度が1つの目安になるのではないでしょうか。

②　法人の不動産の売却

ア　売主にかかる税金

㈠　原　則

法人が不動産を売却しようとする場合に重要なのは、まずは法人税です。

なお、個人の場合と同様、売主側が消費税法上の課税事業者の場合、建物を売却した場合には消費税を納付する義務があります（土地については非課税取引とされています）。土地と建物を同時に売却する場合、消費税を計算するために、総額を記載するのではなく、それぞれの金額を区別して記載しておく必要があるのは、個人の不動産の売却の場合と同様です。消費税については後述(4)を参照してください。

法人が不動産を譲渡した場合の法人税に関して、売買代金は「益金」に算入される一方、もともとの不動産の帳簿価額が「損金」に算入されます。これにより、益金と損金の差額が不動産譲渡に伴う利益となり、これに法人税が課税されることになります。

㈡　土地重課制度

法人においては、当該事業年度の全ての益金（法人税法上の利益）と損金（法人税法上の経費）で所得を計算し、これに対して法人税を課すものとされていましたが、高度成長期の土地の値上がりなどに端を発し、土地への投機による利益に対して適切に課税をし、土地の急激な高騰を抑制するため、土地の譲渡による利益のみを抜き出して課税する制度が採用されました。これを「土地重課制度」といいます。

いわゆるバブル経済の時期には、土地ころがしと呼ばれた短期の土地売却に高い税率を課し、地価の暴騰を抑制する目的がありましたが、バブル崩壊後、地価の急激な下落と相まって、当時とは逆に、不動産の流動化を促進する必要が生じ、現在ではこの土地重課制度は、停止もしくは廃止されています。

(ウ)　事業用資産の買換えの場合

事業用資産の買換えの場合に、個人の場合と同様、一定の要件のもと、課税の繰延べが認められています。

イ　買主にかかる税金

個人の場合と同様に、不動産の売主には法人税が課税されますが、買主は、売主が消費税を納付すべき場合に、建物価格に消費税が上乗せされることがある点、不動産取得税、登録免許税、契約書作成時の印紙税等のほか、特に課税の問題は生じません。ただし、時価に比して購入価格が著しく低廉である場合には、その差額について寄付とみなされ、後述する益金算入の対象になる可能性があります。

(3) 贈与にかかる税金

①　個人から個人への不動産の贈与

個人から個人への不動産の贈与は、親族どうし、あるいは一定の関係のある者どうしで行われることが多く、相続の亜種とも考えられます。そこで、このような贈与は、相続税の補完税としての性格をもたせることとし、該当条文も相続税法の中（21条等）に存在しています。したがって、個人間の取引についてのみ贈与税が問題となります。当事者の双方または一方が法人の場合、つまり法人に対する譲渡および法人からの譲受の場合は贈与税が問題となることはありません。また、消費税については、無償取引はその対象にはなりません。

Coffee Break

代物弁済

金銭債務の弁済を金銭ではなく、不動産の所有権を移転させることによりこれに代えるという代物弁済の場合は、不動産売買の税務の応用型になります。

弁済者（譲渡人）が個人の場合、当該不動産が値上がりしていれば、売買の場合と同様に譲渡所得税が課せられます。居住用財産の譲渡の場合の特別控除や軽減税率の適用があるのも、売買の場合と同様です。弁済者（譲渡人）に資力がなく、競売等の強制換価手続が避けられないという場合には一定の要件のもとで譲渡所得税が非課税となります（所得税法9条1項10号、所得税法施行令26条）。譲渡直前に債務超過であること、強制換価手続が避けられない状況にあること、譲渡代金の全部が債務の弁済にあてられることが要件です。

弁済者（譲渡人）が法人の場合は売却益について法人税が発生します。

また、債務の額に比して不動産の価額が著しく高額の場合（たとえば、1000万円の債務について2500万円相当の不動産の代物弁済をしたような場合）、その差額分については贈与があったのと同様の課税がなされます。

（市川　充）

ア　贈与者（個人）にかかる税金

贈与の場合の納税義務者は、贈与によって財産を取得した受贈者であり、贈与者に対しては特に課税はされません。しかし、受贈者に課される贈与税については連帯納付義務がありますので、仮に受贈者が贈与税を支払わなかった場合には、贈与者がこれを支払う必要があります（相続税法34条4項）。

イ　受贈者（個人）にかかる税金

㈠　原　則

贈与による受贈者に対しては贈与税が課税されます。贈与税の税率は、10%から55%までの超過累進課税率となっています。平成27年1月1日以降、改正で、直系尊属からの贈与により財産を取得した20歳以上の受贈者については「特例税率」が、それ以外の場合には「一般税率」が適用されることになりました。一般税率の方が高率となっており、一般税率の場合は3000万円超の贈与に、特例税率の場合は4500万円超の贈与に、それぞれ最高税率が適用されます。贈与税の税率は、他の税金に比べて高率となっています。

そして、受贈者が1暦年間に贈与により取得した財産の合計額から、暦年課税の基礎控除額である110万円を控除した残額に課税されます。

財産の評価については、相続税の評価方法とほぼ同様ですので、後述の「2　相続をめぐる税務」(☞26頁）を参照してください。

⑴　相続時精算課税制度

「相続時精算課税制度」とは、相続人が、被相続人の生存中に贈与を受けた場合において、一般の贈与税（暦年課税）ではなく、相続時精算課税制度を利用する旨を届け出て、贈与時に2500万円までの控除を受けたうえで、2500万円を超える贈与については、一律20％の税率で贈与税を支払うことで足りるものとする制度です（相続税法21条の9)。

この制度は、生前贈与を容易にして、次世代への資産の移転を促進する目的のもとに導入されました。具体的には、被相続人死亡後、相続税の申告の際、生前贈与を受けた時の時価で、生前贈与を受けた資産の金額を価額に算入し、既払いの贈与税を控除して計算することになります。詳細は、「2　相続をめぐる税務」(☞31頁）で説明します。

贈与税の税率表（一般税率の場合）

基礎控除後の課税価格	税率	控除額
200万円以下	10%	なし
300万円以下	15%	10万円
400万円以下	20%	25万円
600万円以下	30%	65万円
1000万円以下	40%	125万円
1500万円以下	45%	175万円
3000万円以下	50%	250万円
3000万円超	55%	400万円

贈与税の税率表
（特例税率（直系尊属からの贈与により財産を取得した20歳以上の受贈者）の場合）

基礎控除後の課税価格	税率	控除額
200万円以下	10%	なし
400万円以下	15%	10万円
600万円以下	20%	30万円
1000万円以下	30%	90万円
1500万円以下	40%	190万円
3000万円以下	45%	265万円
4500万円以下	50%	415万円
4500万円超	55%	640万円

(ウ)　配偶者に対する贈与

夫婦間で財産の贈与が行われた場合、以下の要件を全て満たせば、暦年の110万円の基礎控除のほかに、2000万円の配偶者控除を受けることができます。この場合、必ず暦年の贈与税の申告をする必要があります。

ア. 婚姻期間が20年以上であること
イ. 居住用不動産の贈与を受けるか、居住用不動産を購入するための現金の贈与を受けるか、そのどちらかであること
ウ. 贈与を受けた年の翌年の3月15日までに当該不動産への居住を開始し、その後も引き続き居住する見込みがあること
※　店舗と住居が一体となっているような場合、贈与を受けるのが土地のみであったとしても建物が同居の親族名義である場合、底地を購入するための資金の贈与を受ける場合などにも適用されます。

(エ)　住宅取得等資金の贈与

令和3年12月31日（予定）までに父母や祖父母等の直系尊属から住宅取得等資金の贈与を受けた受贈者が、贈与を受けた年の翌年3月15日までにその住宅取得等資金を自己の居住の用に供する一定の家屋の新築や取得あるいは一定の増改築等の対価にあてて新築、取得、増改築等をし、その家屋をその日までに自己の居住の用に供したとき等においては、取得した住宅の種類、取得した年度により、住宅取得等資金のうちの一定金額につき、贈与税が非課税となります。

②　個人から法人への不動産の贈与

ア　贈与者（個人）にかかる税金

個人に対する贈与の場合は譲渡所得は発生しませんが、法人に対する贈与の場合、時価により資産を譲渡したものとみなされて、贈与者に対しては、譲渡所得税が課税されます（所得税法59条1項1号）。贈与する側には税金がかからないものと思い込んではいけません。

イ　受贈者（法人）にかかる税金

受贈者である法人には、贈与された資産の時価相当額分の収益があったものとして、その益金に法人税が課税されます（法人税法22条2項）。

③　法人から個人への不動産の贈与

ア　贈与者（法人）にかかる税金

贈与者である法人には、正常な対価で取引を行った者との負担の公平を図るため、無償の譲渡であっても益金があるものと擬制され、時価で売却したものとして譲渡益が計上されます。これに法人税が課税されることになります。

イ　受贈者（個人）にかかる税金

受贈者である個人には、不動産の時価相当額につき一時所得が発生し、所得税が課税されます。なお、会社の従業員等として贈与を受けた場合には給与所得と認定されることがあります。

④　法人から法人への不動産の贈与

ア　贈与者（法人）にかかる税金

法人から個人への贈与の場合の贈与者である法人と同様です。

イ　受贈者（法人）にかかる税金

個人から法人への贈与の場合の受贈者である法人と同様です。

(4)　消費税（売買等の有償取引の場合の建物について）

自宅や別荘などの居住用不動産の売却の場合は問題になりませんが、事業用、投資用等の不動産で、売主側が消費税法上の課税事業者（法人または個人事業主であって、免税されない者）の場合、建物を売却した場合には消費税を納付する義務があります（土地については、消費の概念になじまないことから、非課税取引とされています）。したがって、消費税が問題になり得る場合、土地と建物を同時に売却する際には、総額を記載するのではなく、それぞれの金額を区別して記載しておかないと、消費税を計算することができないこととなります。税額は、売価の総額のうち、建物部分の価額に消費税率を乗じて計算します。

(5) 不動産取得税

不動産取得税とは、土地や建物を売買、贈与、交換などで譲り受けた場合や建物を新築した場合に課せられる地方税です。相続による取得の場合は課せられません。原則として、固定資産評価額を基準に4%の税率が課されますが、特例により各種の軽減措置が設けられています。不動産取引についての課税はとかく国税に着目しがちですが、地方税の課税関係も忘れてはならないことです。

(6) 登録免許税

不動産の売買契約の調印手続が完了しても、その契約により取得した所有権をはじめとする物権を第三者に対抗するためには、不動産を取得した者が登記権利者となって所要の登記を経由する必要があります（民法177条）。その不動産登記をするときには、登録免許税法に定める登録免許税の納付が必要となります。登録免許税は、流通税の一種であり、登記・登録等に伴う利益（登記については、権利保護の利益）に着目した課税とされています。

この登録免許税の納税義務者は、登記を受ける者（登記権利者）ですので、売買の場合は買主、贈与の場合は受贈者ということになります。

税率は、不動産等の価額（固定資産税評価額を基準にします）を基準に算定します。登録免許税の税率は変動することが多いのですが、令和3年4月現在の税率は、次のようになっています（移転登記の場合）。

土地の売買の場合	→	土地価額の1.5%（令和5年3月31日まで（予定)。）
建物（居住用）の売買の場合	→	建物価額の0.3%（令和4年3月31日まで（予定)。）
（上記2つの場合はいずれも現状の特例。これ以外に軽減税率あり。）		
建物（居住用以外）の売買の場合	→	建物価額の2.0%
贈与の場合	→	土地／建物いずれも2.0%
相続の場合	→	土地／建物いずれも0.4%

(7) 固定資産税・都市計画税の精算

固定資産税については、取引時点を基準として、取引日の前日までの分をもとの所有者が、取引日以降の分を新しい所有者が、それぞれ負担することにする例が多いと思われます。しかし、全国の地方自治体では、毎年1月1日時点の登記簿上の所有者に対し、5月か6月頃に固定資産税の納税通知書を送付する扱いになっていますので、年度の途中で不動産の取引をする場合には、納税通知書が届いている旧所有者が、新所有者から取引日以降の日割税額を受領しておくのが賢明でしょう。

なお、不動産の評価については、後述の第5章「2　不動産評価」(☞216頁)を参照してください。

Point

◆不動産の取引では、取引の内容によって、新旧の所有者それぞれに複数の税金が課税される。

◆売買については、主として譲渡所得税であり、贈与については、個人の場合には贈与税、法人の場合には損益計算上の益金算入がなされる。

◆依頼者の中には、いかにすれば税率の高い贈与税を支払わないで親族に財産の名義を変更できるかの相談をしてくる人がいるので、贈与税課税の仕組みについて、一定の基礎知識を身につけておく必要がある。

［関　理秀］

Coffee Break

共有物分割

共有不動産を分割するには、①不動産が土地の場合には分筆するなどして現物分割する方法、②不動産を売却して売却代金を分ける方法（換価分割）、③共有者の一部が所有権を全部取得し、他の共有者に代償金を交付して分ける方法（代償分割）があり、それぞれについて税務を意識する必要があります。

①現物分割の場合は、共有持分どおりに分ける場合には課税されることはありませんが、共有持分よりも多く取得したようなときは、その差額分について贈与税（個人間の場合）や益金についての法人税等（法人の場合）が問題となります。また、差額分を代償金で調整する場合は、一部が代償分割されたのと同じ扱いになります。

②換価分割の場合は、不動産を第三者に売却するので、不動産の譲渡の場合の課税関係（個人の場合の譲渡所得税、法人の場合の法人税）が生じます。売却代金の配分が持分と異なる場合は、①と同様に贈与税や法人税の問題が生じます。

③代償分割の場合は、共有持分を一部の共有者に売却したのと同じことなので、不動産譲渡の場合と同じ課税関係が生じます。配分方法が持分と異なる場合は、①②と同じ問題が生じます。

（市川　充）

2 相続をめぐる税務

Section

Scene

新田弁護士は、都内で有数の高級住宅地で両親と同居していた長男Aさんから、父が亡くなったので相続について相談したいとの依頼を受けました。相続税について相談されましたが、新田弁護士は軽減措置があることを知らず、時価を前提に相続税の納税額を試算してしまい、莫大な相続税がかかると伝えたことで、Aさんを不安にさせてしまいました。

相続に関する税金はどうなっているのでしょうか。

(1) 相続税とは

相続手続において、相続税の存在は、相続人の意思形成に非常に重要な意味をもっています。当事者は、遺産の分割方法を定めるうえで、相続税がどのように課税されるかについて極めて高い関心を抱いています。ところが、相続税の課税対象、軽減措置の有無等は、極めて専門的な知見が求められる分野であり、税務の専門家である税理士の関与は不可欠といってよいでしょう。税理士に聞くと、相続税法は、税法の中でも難しい法律であり、相続税の申告業務にはかなりのエネルギーが求められるという人が多いのです。弁護士が生半可な知識で相続税を語るのは、危険です。

ここでは、相続税の概要を指摘しておきます。

相続財産の総額から、基礎控除額等を控除し、なお残額がある場合に、その残額について、一定の税率にもとづき、相続税額が計算されます。基礎控除額を控除して残額がない場合には、相続税は課税されず、相続税の申告をする必要もありません。

基礎控除額は、3000万円＋（法定相続人の人数×600万円）です（相続税法15条・令和3年4月現在）（平成27年1月施行の相続税法改正前は、5000万円＋（法定相続人の人数×1000万円）でした。平成26年12月31日までに死亡した被相続人の相続に関しては、改正前の法律が適用されます）。法定相続人の数が多いほど基礎控除の額は増大します。なお、相続放棄をした相続人も、基礎控除の法定相続人の数に含まれます。

基礎控除

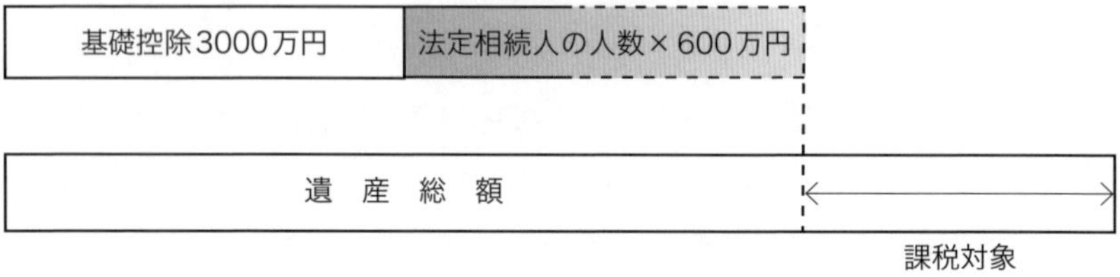

相続税の申告期限は、被相続人の死亡後10か月です（法改正によって変更される可能性もありますので、注意してください）。それまでに、相続税の申告と申告した相続税額の納付をすませる必要があります。

相続税の申告期限までに遺産分割協議が調わない場合には、いったん未分割のまま相続税の申告をしたうえで、納税する必要があります。法定相続人には、当該被相続人にかかる相続税額の全額につき、連帯納付義務があります（相続税法34条1項）。遺産分割協議や調停が紛糾し、解決の見通しが立たない状況にあったとしても、申告と納税をしなければ、無申告加算税（上限20％）が課されるので、相続税申告に関しての合意（どの税理士に依頼するか、相続税は誰がどのように納付しておくかなどの合意）をすることが求められるわけです。この場合には、後日遺産分割協議や調停が成立して相続人の取得財産が確定した時点で、相続税の修正申告（税額が増える場合）や更正の請求（税額が減る場合）を行うことになります。

申告期限内に遺産分割の見込みに関する所定の書面を提出したうえで、申告期限後3年以内に遺産分割協議が調った場合には、協議成立後4か月以内に相続税の更正の請求をして、払い過ぎた税金の還付を受けることができます。分割の仕方によって、後述する特例の適用等により、納付済みの税金が還付される可能性があります（相続税法施行令4条の2、租税特別措置法69条の4第4項等）。

なお、相続税の総額が遺産分割後においても変わらないときは、修正申告や更正の請求をしないで、相続人間で相続税の精算を行うという実務もあります。また、相続人の1人が他の相続人の相続税を負担して求償権を行使しない場合は贈与税が発生することがあるので、この点を考慮したうえで遺産分割を行い、各人が相続税を納税するようにすることが必要です。

申告期限

(2)　相続税の納税義務者

相続税の納税義務者は、相続や遺贈（死因贈与、特別縁故者への分与財産を含む）により財産を取得した個人です。遺贈等を受けた法人は、相続税は課税されませんが、被相続人には譲渡所得税、受贈者の法人には受贈益について法人税が課されることになります。

相続／遺贈を受けた個人	→	相続税
遺贈をした被相続人	→	譲渡所得税
遺贈を受けた法人	→	法人税

Coffee Break

遺産の売得金を特定遺贈する遺言

被相続人が遺言で、遺産を売却しその売得金を遺贈することとするいわゆる換価遺言が行われた場合、遺産の売却によって譲渡所得税が生じると、その納税義務者は誰になるでしょうか。

遺言執行者は、遺言を執行する業務を担当するに過ぎず、遺言執行者の行為の効果は、民法1015条により直接に相続人に帰属するので、遺言執行者が納税義務者であると考えることはできません。他方、受遺者はあくまでも換価後の売得金の遺贈を受ける立場です。現行の税務上の取扱いでは、被相続人が死亡している以上、遺産の所有権者は法定相続人と考えざるを得ないという立場に立って、譲渡所得税の納税義務者は法定相続人であるとされています。

しかし、このような取扱いを前提にすると、被相続人の遺言で当該法定相続人に遺産が一切分配されない場合でも法定相続人において譲渡所得税の納税義務が発生することになり、当該法定相続人に他の所得等がある場合は、所得税の税率や翌年度以降の国民健康保険料（税）や住民税などにも影響が及ぶことになります。実際に利益を受けることがないはずの法定相続人に譲渡所得税の納税義務を負わせる結果になるこのような取扱いには反対論もあるようですが（国税庁ホームページ　https://www.nta.go.jp/about/organization/ntc/kenkyu/ronsou/85/01/index.htm）、以上の実務上の取扱いを前提にした場合、当初の遺言作成時において、譲渡所得税相当分の現金を法定相続人に相続させることにする等、手当てが必要になるものと考えられます。

（関　理秀）

(3) 相続税の課税対象

①　相続や遺贈により取得した財産

相続税の課税対象は、相続や遺贈により取得した財産です。金銭に見積もることができる価値のあるもの全てがその対象であり、物権（所有権、地役権等）、債権（売掛金・貸金のほか、借地権も含まれます）、無体財産権（著作権、特許権等）など全てが含まれます。しかし、質権、抵当権などの従たる権利は含まれません。

②　被相続人の死亡に起因して取得される資産

相続や遺贈によって取得した財産でなくても、被相続人の死亡に起因して取得される一定の資産については、課税負担の公平を図るため、相続や遺贈により取得した財産とみなされ（みなし相続財産）、課税対象になるものがあります。

たとえば、生命保険金は、保険契約上被保険者を被相続人とし、受取人を特定の者、たとえば配偶者としているような場合は当然ですが、受取人を「相続人」と定めていたときでも、特段の事情がない限り、それは保険金請求権発生当時の相続人たるべき個人を指すとされますから（最判昭和40・2・2民集19巻1号1頁）、遺産とはなりません（特別受益（民法903条）として考慮されることがあるのは別論です）が、相続税の課税対象には含まれます。そのほか、死亡後3年以内に支給される退職金、遺言により債務を免除された場合の債務免除益などがこれに含まれます。なお、生命保険金、退職金については、一定の非課税限度額があります（☞28頁）。

③　相続開始前３年以内に受けた贈与財産

相続開始前3年以内に受けた贈与財産は、当該財産が相続財産と同様に扱われ、既払い贈与税額は、支払うべき相続税額から控除されることになります。なお、贈与税については、11頁を参照してください。

④　相続債務の取扱い

相続開始時において存在する被相続人の債務（借入金、買掛金等）は、課税対象額から控除されます。

なお、保証債務は、発生当初から履行することが確実な債務とはいえないため、原則として控除の対象とはなりませんが、主債務者が弁済不能となり、保証債務履行後に求償権を行使してもその弁済を受ける見込みがない場合には、その求償権の弁済不能部分の全額について控除の対象となります。

⑤　葬儀に関する費用等

被相続人にかかる葬儀費用も課税対象額から控除されますので、葬儀の際に要した費用の証拠資料（領収証、請求書とその振込依頼書等）は捨てずに保管しておくことが肝要です。

控除される葬儀費用は、葬儀会場の利用料、通夜振舞いの費用、火葬費用、納骨費用、遺体・遺骨の運搬費用、葬式の際の手伝いの人たちに施与した金品のうち相当程度と認められるもの、僧侶に対するお布施、戒名料などがあります。これに対し、香典返しのための費用は、控除される葬儀費用には含まれません。香典返しは、被相続人ではなく相続人に対して渡される香典の返礼であるとされることから、香典が相続財産にならない以上（香典は喪主たる相続人に対する贈与とされるのが一般です）、香典返しも葬儀費用に含まれないということになります。その他、墓地、墓石購入費用も、葬儀費用には含まれません。

遺産分割の対象になる財産／相続税申告の対象になる財産

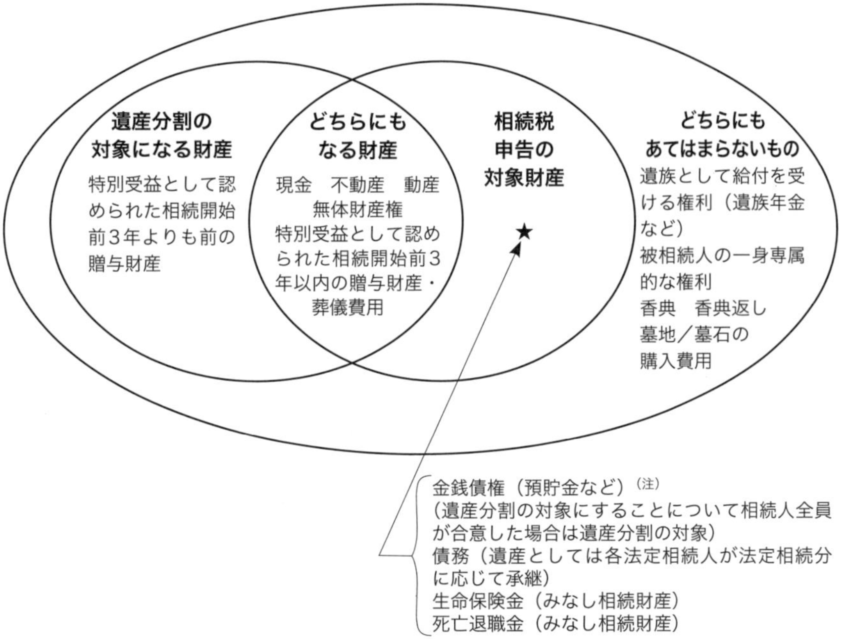

（注）金銭債権は相続財産ですが、法定相続分に従って相続人に分割して帰属するので、原則として遺産分割の対象となりません。

Coffee Break

名寄帳

相続事件などを受任したときに、被相続人が所有していた不動産の全容がわからないという人がいます。そのようなときには、市町村役場に行ってもらい、ある人が当該市町村内に所有する不動産全部をまとめた「名寄帳」を取り寄せてもらいます。また、市町村から届く固定資産税・都市計画税の納付通知書には課税対象の不動産の明細書が添付されていますから、これを持ってきてもらってチェックする方法もあります。

しかし、名寄帳は、その取寄手続がかなり厳格であって相続人以外の人が取り寄せるのは困難です。また、固定資産税・都市計画税の納付通知書も紛失していればどうしようもありません。そういう場合は、市町村役場に「固定資産評価証明書」を申請するときに、「ある人が当該市町村で有する不動産の全部」とすれば全容がわかります。ある被相続人がどこの市町村に不動産を持っていたかさえわかれば、上記のような方法で所有不動産の全容を明らかにすることができるのです。

（髙中正彦）

（4）課税物件の評価額

課税対象が確定すると、課税物件の評価額を決定することが求められます。以下に、主たる遺産の評価方法を説明します。

①　現金・預貯金・有価証券等

現金、預貯金については、その残高がそのまま評価額になります。

手形・小切手などの有価証券は、相続開始時（＝死亡日）の時価が目安になります。

ただし、上場株式（公開株式）については、死亡日の終値と死亡日の属する月以前3か月間の各月ごとの終値の月平均額を調べ、以上4つの額のうちの最安値で評価します。非上場株式（非公開株式）の評価についてはさまざまな方法がありますが、ここでは説明を省略します。後述の第５章「3　株式評価」（☞226頁）を参照してください。

その他、金塊や高価な宝石等も、相続開始時（＝死亡日）の時価で計算します。

②　不動産（土地）

土地のうち宅地については、接道する道路ごとに路線価が定められている地域では、国税庁から公表されている路線価を採用します。それ以外の地域では、各市町村で定めている各土地の固定資産税評価額に、国税局長が定める倍率を乗じて評価する倍率方式を適用します。なお、いずれの場合においても、一般的な宅地以外の土地（貸宅地（底地）、貸家建付地、借地など）の場合、更地の評価額（≒宅地の評価額）を基準に、各種の補正率が定められています。路線価の計算をするための路線図の見方は、後述の第５章「2　不動産評価」（☞216頁）を参照してください。

さらに、被相続人の事業または居住の用に供されていた宅地等については、相続税法、租税特別措置法上の特例の適用を受けることにより、相続税の評価額としての土地の評価を減少させることができます。ただし、特例の適用を受けるためには、申告期限内に特例の適用を受ける旨を申告すること、申告期限内に遺産分割が完了していることが条件になります。前述のとおり、申告期限内に遺産分割の見込みに関する所定の書面を提出したうえで、申告期限後に遺産分割が調った場合、申告期限後３年以内であれば、更正の請求によって、払い過ぎた相続税の還付を受けることが可能ですが、この場合は、申告期限内にいったん特例の適用を受けない形での納税をする必要があります。

その他、農地等についても、一定の特例があります。

特例の適用を受けた結果、基礎控除の範囲におさまって納税する額がない場合でも、申告は必要です。

③　不動産（建物）

建物については、固定資産税評価額と同額とされています。貸家や借家権も、固定資産税評価額を基準に補正率が定められています。ただし、借地権や借家権を評価しない慣行の地域もあります。

不動産評価の特例と相続税申告／相続税支払の要否との関係

相続税法／租税特別措置法等の特例の適用がなくても、遺産総額が基礎控除の範囲内の場合	相続税申告　不要 （支払も不要）
特例の適用を受ければ、基礎控除の範囲内におさまる場合	相続税申告　必要 （支払は不要）
特例の適用を受けても、基礎控除の範囲を超える場合	相続税申告　必要 （支払も必要）

④　その他

高価な絵画や彫刻等も、相続税の課税対象になります。相談者から依頼を受けた場合、これらのものを所有しているかどうか、忘れずに確認する必要があります。

また、一定の遺産がある場合には、厳密に見積もりをせずとも、「家庭用財産」として、一定の金額を計上することがあります。

(5) 一定の財産の非課税限度額

(3) で述べたうち、生命保険金等、退職金等については、それぞれ、法定相続人の数×500万円が、非課税限度額になります。たとえば、夫が死亡し、妻と子供3人の家庭の場合には、法定相続人は4人ですので、相続人が保険金を受け取る場合、生命保険金は2000万円まで非課税になります。

(6) 相続税額の計算

以上の説明を前提に、被相続人の遺産の総額を計算し、合計金額が基礎控除の額を超える場合には、相続税の申告をする必要があります。

まずは (4) ②のような特例の適用を考慮しないで遺産の総額を計算し、基礎控除額を超えるかどうかの判断をしましょう。

なお、相続放棄をした者や、遺産分割の結果相続財産を取得しない者が出た場合も、基礎控除額の算定においては、その者も法定相続人として取り扱います。

①　基礎控除額の計算

※ここでは、平成27年1月1日以降相続開始の場合に適用される現行法令に基づいて作成しています。

ア　夫が死亡し、妻と子供3人の家庭の場合

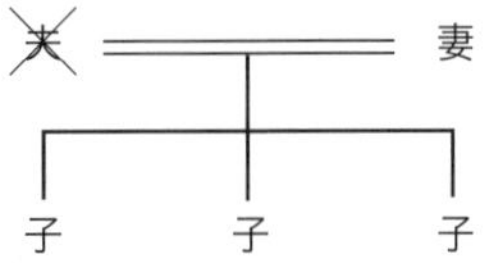

法定相続人は4人ですので、

4人×600万円＋3000万円

＝5400万円

が基礎控除額になります。

上記の方法で遺産の総額を計算し、特例の適用前の総額が5400万円を超えなければ、相続税の申告をする必要はありません。

イ　配偶者も子もいない者が死亡し、姉1人と死亡した弟の子5人が法定相続人の場合

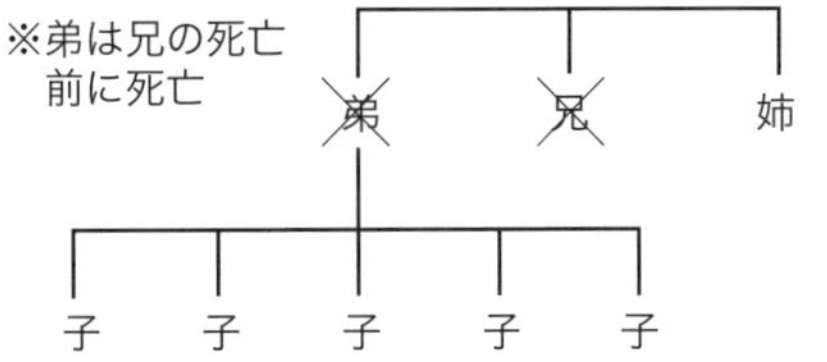

法定相続人は6人ですので、

6人×600万円＋3000万円

＝6600万円

が基礎控除額になります。

基礎控除額の計算上、相続人の順位は関係なく、人数のみが問題になります。

ウ　夫が死亡し、妻と、夫妻の子が1人、夫妻の養子が2人、妻の連れ子で夫の養子だった者が1人いる場合

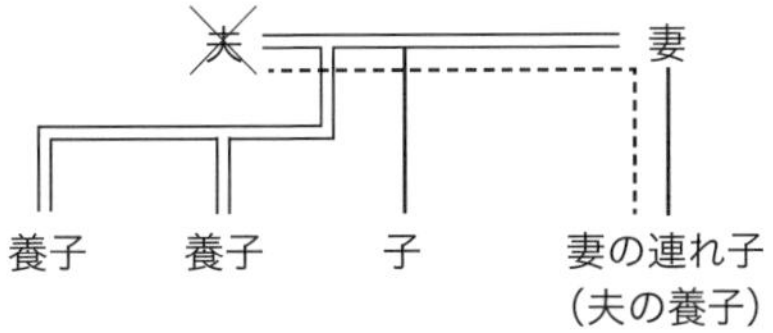

この場合、法定相続人は、妻、夫妻の子1人、夫の養子3人の合計5人です。しかし、養子については、ほかに実子がいる場合は1人分、ほかに実子がいない場合は2人分に限って、基礎控除額の算定に加算されることになっています。したがって、この場合は、

3人（妻、実子、養子1人分）×600万円＋3000万円＝4800万円

が基礎控除額になります。

②　税額の計算

被相続人の遺産の総額（宅地等に関する特例を適用する前の金額）を計算し、上記の基礎控除額を控除してなお残額がある場合には、相続税の申告をする必要があります。

まず、宅地等に関する特例を適用すれば基礎控除額の範囲内におさまる場合には、遺産分割協議を調えたうえで、申告をします。そうでない場合には、上記に従って遺産の額を適切に評価したうえで基礎控除額を控除し、税額を計算します。

税率は、次のとおりです。

課税標準	税率	控除額
1000万円以下	10%	なし
3000万円以下	15%	50万円
5000万円以下	20%	200万円
1億円以下	30%	700万円
2億円以下	40%	1700万円
3億円以下	45%	2700万円
6億円以下	50%	4200万円
6億円超	55%	7200万円

③　税額についての特例

ア　直系血族以外の相続人

相続や遺贈によって財産を取得した者が、被相続人の子（養子を含む）、代襲相続の場合の直系卑属、父母、配偶者以外の者の場合、納付税額が20％増しになります。代襲相続によってではなく、遺贈や養子縁組などによって直系卑属が相続人になった場合にも、同じく20％増しになります。

イ　配偶者

配偶者については、申告期限内に遺産分割が完了した場合には、配偶者の法定相続分相当額または1億6000万円のいずれか大きい額が控除されます。すなわち、配偶者控除の範囲の中で配偶者の遺産取得額を大きくすることで相続税の納税額を抑えることができるわけです。ただし、配偶者の遺産取得額を大きくすると、特に被相続人と配偶者が同世代の場合に、後に配偶者が死亡すれば、そのときの相続人の相続税の負担額が増大することになりますので、注意が必要です。

ウ　婚姻期間20年以上の配偶者

婚姻期間が20年以上の配偶者から、居住用不動産または居住用不動産を取得するための金銭の生前贈与を受けていた場合には、2000万円を限度として相続税の課税価格に算入しないことができます。ただし、これについては、過去の生前贈与の際に贈与税の申告をしている必要があります。

エ　その他の控除

以上のほかにも、未成年者控除、障害者控除、10年以内に二次相続が発生した場合の控除等があります。このあたりは改正が頻繁に行われる部分ですので、注意が必要です。

(7) 相続時精算課税制度

相続時精算課税制度とは、相続人が被相続人の生存中に贈与を受けた場合において、一般の贈与税（暦年課税）ではなく、相続時精算課税制度を利用する旨を届け出て、贈与時に2500万円までの控除を受け、2500万円を超える贈与については一律20%の税率で贈与税を支払うことで足りるものとする制度です。相続人がこの制度を利用していた場合、被相続人死亡後の相続税の申告の際、生前贈与を受けた時の時価で生前贈与を受けた資産の金額を相続税算定の価額に算入し、既払いの贈与税を控除して計算することになります。

相続時精算課税制度を利用するメリットは、生前贈与を受けた時の時価で遺産総額の計算ができる点、生前贈与後の果実には相続税が課税されない点にあります。値上がりが期待できる資産や収益性の高い資産については、生前贈与をし、相続時精算課税制度を利用することも一案でしょう。

(8) 相続税以外の税金

被相続人が年の途中で死亡した場合は、相続人において、その年の1月1日から死亡日までの所得金額と税額を計算したうえで、相続開始を知った日の翌日から4か月以内に、被相続人の所得についての申告と、必要に応じ納税をする必要があります（準確定申告といいます）。

相続によって不動産を取得して所有権移転登記をする場合や、株式の取得により役員等が変わり、商業登記事項を変更する場合には、登録免許税がかかります。それぞれ、第1章「1　不動産取引をめぐる税務」（☞16頁）、第2章「6　役員変更登記」（☞131頁）を参照してください。

また、遺産分割協議や調停が調わないなどの理由により、不動産などを一旦共有状態にして相続し、その後に売却をして売得金の金額で調整したり、あるいは手続を簡便にするために法定相続人の一部の者の単独所有とした後に売却して売得金を分配するなどの手続を経た場合、譲渡所得税や贈与税の課税などで思わぬ失敗をすることもあります。さらには、いったん成立した遺産分割協議や調停を合意解除してやり直した場合、2度目の遺産分割協議が贈与と認められ、贈与税が課税されることもあります。相続においては、そのような課税リスクについても十分配意する必要があります。

(9) 税理士との協働

相続に関する税務は複雑多岐にわたり、相続税の帰趨が、遺産分割の方法を左右するといっても過言ではありません。基礎控除額の範囲を超えることが明らかな相続の相談を受けたときは、信頼できる税理士と協力し、一緒に相続手続を進めていくことが肝要です。

税理士との協力のためには、相続人の人数や遺産の範囲、遺言の有無はもちろん、特例の適用の有無を判断するためには、どのような遺産があるのか、遺産分割協議成立の見通し、誰がどの遺産を取得することになるのかなど、相談者から具体的な情報を聞き取り、税理士とも情報を共有する必要があるでしょう。

Point

◆相続税がかかるかどうかの判定にあたっては、まず法定相続人の人数を確定して基礎控除額を算定し、あわせて相続財産の価額を概算し、基礎控除額の範囲内かどうかを確認する。

◆基礎控除額の範囲内かどうかについて不安がある場合や範囲外であることが明らかな場合には、税理士などに相談または依頼することを考える。

◆相続税は、税法の中でも特に難しいものとされているから、生半可な知識で対応してはいけない。

◆相続税の申告期限は相続開始時から10か月であり、それまでに申告と納付をすませる必要があるので、遺産分割協議で係争中であるからといってのんびり構えていてはいけない。

［関　理秀］

Coffee Break

保証債務

相続事件において、被相続人が会社経営者であったような場合、個人所有の不動産を会社の債務のために担保に入れるというケースが少なくありません。物上保証であったり、被相続人が連帯保証債務を負っていてその債務のために抵当権を設定するというケースです。

主債務の額が多額で、担保提供した被相続人の不動産の価値をはるかに上回る場合（オーバーローンの場合）、当該不動産に換価価値はありません。担保を抹消しなければ売却できないからです。

しかし、現実に換価価値がなくても、相続税が課税されないとは限りません。相続税は、被相続人のプラスの財産からマイナスの財産を差し引いた額について課されます。物上保証の場合は、債務は主たる債務者の債務であって、担保提供者（被相続人）の債務ではないので、当該不動産はプラスの財産となり、マイナスの財産として差し引かれるものはないことになります。被相続人が保証債務を負っている場合でも、保証債務は偶発債務なので、原則として相続財産から保証債務の額が差し引かれることはありません（本文（3）「④　相続債務の取扱い」（☞24頁））。

このような場合は、換価できないのに相続税だけがかかることになり、このような不動産を誰が取得し、相続税を誰がどのように負担するかを意識したうえで遺産分割等をしなければ後になって問題になることがあるので注意が必要です。

（市川　充）

3 離婚をめぐる税務

Section

Scene

新田弁護士は、夫Aさんから離婚調停の依頼を受け、手続を進めていましたが、最終的に財産分与として1000万円、慰謝料として200万円をAさんが妻Bさんに支払うことで離婚が成立する見込みとなりました。新田弁護士は、Aさんから「財産分与については現金で払わず、7年前に700万円で購入した自分名義の投資用マンションが現在1000万円程度に値上がりしているので、こちらを妻名義にすることで代えたいと思います。どうでしょうか」との質問を受けました。

新田弁護士はどのようなアドバイスをすればよいでしょうか。

(1) 慰謝料と財産分与に関する課税

離婚に伴い慰謝料の支払や財産分与を行う場合、金銭給付を行うときは原則として非課税であり、他方、金銭以外の財産の給付を行うときは原則として譲渡所得税が発生するなど、課税の有無に大きな違いがあります。また、居住用不動産を分与する場合には、課税上優遇措置が適用される場合があります。

このように、課税の有無、優遇措置の適用の有無によって、財産分与の額や条件に相違が生じてくることがありますので、ここでは、課税の有無、優遇措置の適用の要件を中心に考えていきましょう。

① 金銭で支払った場合

離婚に伴う慰謝料は、損害賠償金またはそれに類するもので心身に加えられた損害に対して支払われるものとして（所得税法9条1項17号、所得税法施行令30条1項3号)、財産分与は、夫婦の財産関係の清算や離婚後の生活保障のための財産分与請求権に基づき給付を受けるものと考えられるため、原則として税金は発生しません。

ただし、金銭給付であっても、その額が婚姻中の夫婦の協力によって得た財産の額やその他全ての事情を考慮してもなお多過ぎて贈与と認められる場合は、その多過ぎる部分に対して、給付を受けた者に贈与税が課税されます。また、離婚が贈与税や相続税を免れるために行われたと認められる場合には、離婚によって受けた財産全てに対して、給付を受けた者に贈与税が課税されますので、注意が必要です。

②　金銭以外の財産を給付した場合

土地や家屋、株式等を分与するなど、金銭以外の財産を財産分与の対象としたときには、分与者は、当該資産の譲渡により、所得税法33条1項にいう「資産の譲渡」をしたことに該当するために、譲渡する側に譲渡所得税が発生するとされています。

譲渡所得税の課税対象となる譲渡所得の金額は、土地や建物を売った金額から取得費、譲渡費用を差し引いて算出しますが（☞4頁）、財産分与としての資産の譲渡があった場合には、分与財産が時価（実勢価格）で譲渡されたものとして算出されることとなります。したがって、時価と取得価額の間に値上がりの利益があるときには、その利益について譲渡所得税が課税されるわけです（最判昭和50・5・27民集29巻5号641頁）。

ただし、夫婦の一方の単独名義で取得した財産を他方に分与する場合、同財産が実質的にみて夫婦の共有財産である場合には、他方の共有持分の部分のみを財産分与によって譲り受けることとなるため、注意が必要です。たとえば、夫単独名義で登記された不動産を妻に財産分与で譲渡する場合でも、夫婦が共働きであり、実際は2分の1ずつの持分割合で共有するものであるといえれば、課税対象となる譲渡所得は、同不動産の2分の1の実勢価格を基礎に算出されることとなります。このように、税法上の取扱いにおいて、実質上夫婦の持分の割合がどのくらいかということが重要になってきますので、協議離婚の場合でも、共有持分の割合について協議の対象とする必要があることになります。

・登記上夫名義、実質上も夫の単独所有と認められる場合

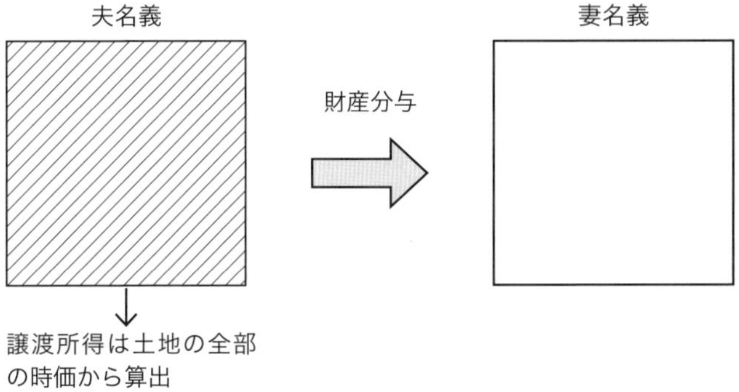

・登記上夫名義、実質上は夫と妻の２分の１ずつの共有と認められる場合

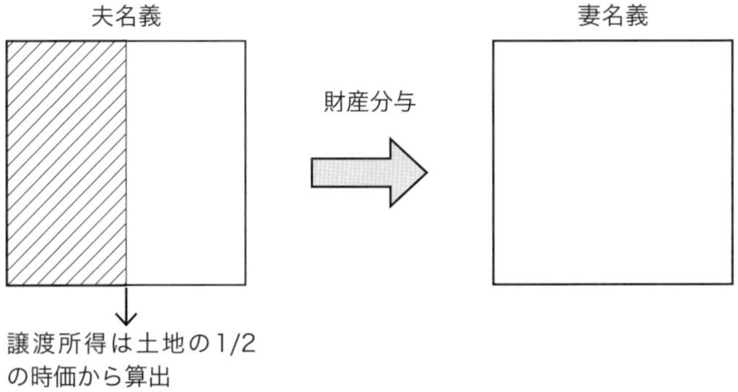

なお、分与を受けた人は、分与を受けた時点での課税はありませんが、分与を受けた日にその時の時価（実勢価格）で土地や建物を取得したことになりますので、分与を受けた土地や建物を売った場合の税金の計算においては、財産分与を受けた日をもとに、長期譲渡になるか短期譲渡になるかを判定することになります（長期譲渡、短期譲渡の税率　☞4頁）。

ところで、離婚に際して夫が所有する全ての不動産を財産分与として妻に譲渡したところ、これに2億円を超える譲渡所得税が課税されることを知った夫が、動機の錯誤を理由に財産分与契約の無効を主張した事案について、財産分与に課税がされないことを当然の前提とし、かつ、その旨を黙示的に表

示していたときは、錯誤無効となり得るとした判例があります（最判平成元・9・14判時1336号93頁）。この財産分与の交渉に弁護士は関与していないようですが、もし関与していたとしたら、弁護過誤責任を追及されたかもしれません。

③　居住用不動産を分与する場合

居住用不動産を分与する場合には、各種の優遇措置が適用される場合がありますので、財産分与としてではなく、離婚前に贈与として分与する、あるいは離婚後に譲渡するなど、優遇措置の適用を受けられるような工夫ができないかを検討する必要があります。特例の要件と効果は、次のとおりです。

【特例1】

(a)　婚姻期間が20年以上の夫婦間で、
(b)　配偶者から贈与された財産が自分が住むための居住用不動産であって、
(c)　贈与を受けた年の翌年3月15日までに、贈与により取得した国内の居住用不動産に贈与を受けた者が現実に住んでおり、その後も引き続き住む見込みである場合
→　基礎控除110万円のほかに最高2000万円まで控除（配偶者控除）できます（相続税法21条の6）。

【特例2】

(a)　譲渡する不動産が居住の用に供されているもの、あるいは以前に居住の用に供しており、居住の用に供さなくなってから3年目の年の12月31日までの売却であって、
(b)　前々年までにこの特例または居住用資産の買換えの特例等の適用を受けていない場合
→　所有期間の長短にかかわらず、譲渡所得から最高3000万円までの控除を受けることができます。ただし、この特例は、夫婦間の譲渡の場合には認められませんので、特例の適用を受けるためには、離婚をした後で譲渡を行う必要があります。

なお、居住用不動産の売買の場合、以下の要件を満たせば（中古住宅を想定した要件となっています）、所有権移転や抵当権設定の登記の際の登録免許税に関しても、税率の軽減の適用となります。

(a) 個人が所有する住宅であること

(b) 新築または取得した個人が自己の居住の用に供する住宅であること（入居済または入居予定が明確なものが対象）

(c) 住宅の床面積が50平方メートル以上であること

(d) 併用住宅については、その床面積の90%を超える部分が住宅であること

(e) 区分所有建物（マンション等）については、耐火建築物、準耐火建築物または低層集合住宅であることおよび取得者自らが居住すること

(f) 取得の原因が売買または競落であること

(g) 取得後1年以内であること

(h) 販売や賃貸等が目的で取得したものでないこと

(i) 以下のいずれかに該当する住宅であること

・耐火構造（鉄骨造・鉄筋コンクリート造・鉄骨鉄筋コンクリート造・石造・れんが造・コンクリートブロック造）で取得の日前25年以内に建築された住宅

・木造および軽量鉄骨造で取得の日前20年以内に建築された住宅

・上記以外で新耐震基準を満たすことの証明を受けた住宅

上記要件を満たし、市町村が発行する住宅用家屋証明書を取得すれば、以下のとおり、登録免許税に関し、軽減税率が適用されます。

所有権移転登記の場合は、税率が2.0%が0.3%に、抵当権設定登記の場合は、税率が0.4%が0.1%に軽減されます。たとえば、課税標準が1000万円の不動産を取得して所有権移転登記を行う場合、当該減税が受けられれば、本来20万円の登録免許税が、3万円となるため、離婚等により居住用不動産を取得する場合には、この減税のメリットは無視できません。当該減税が適用できないか、どのような取り決めにすれば適用できるか、という検討を行うことも重要といえます。

(2) 養育費に関する課税

①　原　則

所得税法上、学資に充てるため給付される金品および扶養義務者相互間において扶養義務を履行するため給付される金品は非課税とされ（同法9条1項15号）、相続税法上も、「扶養義務者相互間において生活費又は教育費に充てるためにした贈与により取得した財産のうち通常必要と認められるもの」が非課税とされているとおり（同法21条の3第1項2号）、養育費は、生活費または教育費に充てるためのものとして、通常必要と認められる範囲内の金額であれば、非課税となります。しかし、財産分与と同様、社会通念上相当な金額を超える養育費に関しては、課税される可能性があります。また、養育費を「子の養育の目的以外」で使用した場合（株式の買入代金や家屋の買入代金に充当したような場合等）には所得として扱われ、「課税対象」となります。

②　養育費の支払方法

相続税法基本通達（平15課資2−1改正）によれば、「生活費又は教育費に充てるためのものとして贈与税の課税価格に算入しない財産は、生活費又は教育費として必要な都度直接これらの用に充てるために贈与によって取得した財産をいうものとする」とされているため、「必要な都度」支払われることが非課税要件と読めることや、一括払いされた養育費は一旦預貯金になることがほとんどであり、生活費または教育費に充てるものかどうか不明確になることから、月ごとに養育費の支払を行う場合であれば非課税となりますが、一括で支払われる場合には、非課税にはならないとの考え方もあり、課税のリスクが発生することとなります。

当該課税のリスクを考えれば、養育費の支払方法は月払いで行うのが賢明です。

ただ、相手方の安定収入が将来的に見込めないような場合には、一括払いを受けておきたい要望も強くなります。そのような場合には、養育費の支払義務者が養育費支払年数分の金銭を子ども名義の普通預金に支払い、子どもが委託者兼受益者となり、支払義務者を契約解除同意者とした金銭信託契約を信託銀行と締結し運用する方法や、支払義務者が委託者兼信託契約解除同意者となり受益者を子どもとし、養育費総額を信託し、受託者である信託銀行が運用する方法等、信託契約を利用することにより、上記課税のリスクを回避することを検討することとなります。

(3) 離婚の和解契約をする際の注意点

離婚の和解契約において財産給付を発生させる場合には、給付をする側、給付を受ける側それぞれに税金が課される可能性がありますので、この点も留意をして和解契約の内容を検討する必要があります。

①　金銭を給付する場合

慰謝料の名目であれ、財産分与の名目であれ、その金額が婚姻中の夫婦の協力によって得た財産の額やその他全ての事情を考慮してもなお多過ぎるという評価がされる場合には、課税の対象となる可能性があるため、金額をいくらと定めるかについて注意をしなければなりません。

慰謝料という名目にしておけば課税されることはないという安易な考え方は危険です。

②　金銭以外の財産を給付する場合

所得税法33条1項に規定する資産の譲渡にあたるとするのが確定した判例です。したがって、財産を分与する者の譲渡所得税が問題となりますので、課税額を含めた実際の負担額をある程度計算して分与する対象を決定するべきです。実際の負担額を計算するに際しては、譲渡する財産が共有財産かどうか、共有財産であるとしてその持分割合をどの程度とするのが相当かという点について、検討を加えなければなりません。また、居住用不動産が財産分与の対象となっていれば、各種の優遇措置の適用が考えられますので、同優遇措置の適用を受けるメリットを検討したうえで、分与の時期および方法を決める必要があります。

税金の金額の多寡によっては、まとまるはずの和解もまとまらなくなってしまう可能性がありますので、課税の有無とその金額については、和解契約を締結する前に、税理士に確認をした方がよいでしょう。

Point

◆離婚に際して金銭を給付する場合、原則的には課税されないが、その額が多過ぎる場合には贈与税が課される場合がある。
◆金銭以外の財産を給付する場合には課税の問題が生じるので、大まかな計算方法を把握しておく必要がある。
◆居住用不動産を分与する場合には、各種の優遇措置が適用されるかどうかを確認し、優遇措置の適用を考慮したうえで財産分与の時期や方法について検討する。
◆養育費は、その額や支払方法によっては課税対象となる。

［堀川裕美］

4 契約書作成をめぐる税務

Section

Scene

新田弁護士は、依頼者（売主）Ａさんの不動産売買の決済に立ち会うことになりました。当日の必要書類などの持参すべきものについてＡさんに連絡をするため、Ａさん宛てのメールのドラフトをしたのですが、このドラフトをチェックした高川弁護士から、持ち物の中に収入印紙の記載がないため、印紙税額を計算して追記するように指摘されてしまいました。

一方、後日、新田弁護士は建物賃貸借契約書をレビューした際、誤ってＡさんに収入印紙の貼付を忘れないように述べたため、高川弁護士に注意されてしまいました。

印紙税はどうなっているのでしょうか。

(1) 印紙税とは

弁護士は、しばしば各種の契約書の作成や点検を依頼されますが、契約書に貼付する印紙については、意外と無頓着です。印紙を貼らなかったからといって、当該文書が無効になるわけでもなく、印紙税法違反についても、それほど厳しいサンクションがあるわけではないためでしょう。しかし、依頼者に対して適切な法的アドバイスをすることは弁護士の基本的責務であり、その中に印紙に関する事項が入らなくてもよいとはいえません。ここでは、印紙税に関する基本的事項を見ていくことにします。

① 印紙税が課税される理由

印紙税は、経済取引に伴い作成される文書の背後には経済的利益があると推定されることおよび文書を作成することによって取引事実が明確化し法律関係が安定化することに着目して、広範な文書に軽度の負担を求める文書課税です

（第162回国会（常会）内閣参質162第9号。当時の小泉内閣総理大臣の答弁）。令和元年度の印紙収入は1兆0192億円にものぼるなど、たばこ税や関税以上に国の大きな財源となっています。

②　印紙税が課税される文書（課税文書）

> 課税文書の要件
> (a)　印紙税法別表第1に掲げられている20種類の文書により証されるべき事項（課税事項）を証明する目的で作成するもの
> かつ
> (b)　非課税文書に該当しない文書

ア　課税文書に該当するかの判断

契約書の全体的な評価ではなく、個々の条項の中に1つでも課税物件表に掲げる課税事項となるものが含まれていれば、その契約書は課税文書となります。

課税される文書の一覧は、印紙税額一覧表（☞50頁）のとおりです。主なものとしてたとえば、不動産等の譲渡契約書、土地の賃貸借契約書、消費貸借契約書（1号）、請負契約書（2号）、株券（4号）、合併や会社分割の契約書（5号）、定款（6号）、保証契約書（13号）、債権譲渡契約書や債務引受契約書（15号）などがあります。

この20の課税文書に含まれない文書が不課税文書となります。たとえば、建物や動産の賃貸借契約書（土地の賃貸借契約書は課税文書です）、動産の売買契約書（売買基本契約書のような継続的取引に関する契約書は7号により課税文書です）、雇用契約書、秘密保持契約書などがあります。

課税文書にあたるか否かは、文書の名称にはとらわれず、実質的な内容から判断されます。なお、変更契約書または補充契約書については、印紙税法基本通達別表第2に掲げる一定の重要事項を変更または補充するものだけが課税されます。

イ　非課税文書に該当するかの判断

非課税文書に該当する文書は、以下のとおりです（印紙税法5条）。

(a)　印紙税法別表第1の非課税物件欄に規定する文書
(b)　国、地方公共団体または印紙税法別表第2に掲げる者が作成した文書
(c)　印紙税法別表第3の上欄に掲げる文書で、同表の下欄に掲げる者が作成した文書
(d)　特別の法律により非課税とされる文書

ウ　他の文書の引用、仮契約書

(ア)　他の文書を引用している契約書

原則として、引用している部分はその文書に記載されているものとして契約書の記載内容を判断することになります。もっとも、記載金額および契約期間については、その契約書に記載されているもののみにもとづいて判断します。

(イ)　仮契約書

仮契約書であっても、課税事項を証明するものは課税文書になり得ます。

③　課税される印紙税額の判断

それぞれの契約書に対する印紙税額については、50頁記載の「印紙税額一覧表」を参照ください。その場合、同表を参照する前提として、次の点の検討が必要となります。

ア　当該契約書が何号文書にあたるか

当該契約書が、課税物件表の何号文書にあたるかは、それによって税率が決まるので、重要な問題です。

単一の事項のみが記載されている文書についてはよいのですが、2以上の事項が併記または混合記載されている文書（たとえば、1通の請負契約書に請負工事の代金額・支払方法等の事項と請負代金を受領した事実とが記載されている場合）については、判断方法が「印紙税法別表第1課税物件表の適用に関する通則」および「印紙税法基本通達」に規定されています。膨大な分量なので、ここでは解説を省略しますが、国税局のホームページに掲載されている令和3年5月版「印紙税の手引」（2頁から5頁）には、例示を含めわかりやすく解説されています。

イ　記載金額

契約書の記載金額によって印紙税額が異なる場合もあるので、当該契約書に記載された金額をどのように算定するかも重要です。

⑺　1つの契約書に同一の号の課税事項の金額が2以上ある場合

合計額がその契約書の記載金額となります。

たとえば、1通の請負契約書にA工事の代金の200万円とB工事の代金の300万円が記載されているときは、合計金額の500万円について印紙税額を決定します。

⑴　1つの契約書に2以上の号の課税事項が記載されている場合、予定金額が規定されている場合、契約金額の一部が記載されている場合、月単位等で契約金額を定めている場合、変更契約書や交換契約書の場合

前述の「印紙税の手引」(7頁から12頁) を参照してください。

契約金額の一部が記載されている例としては、たとえば、請負契約書に「A工事100万円。ただし、附帯工事については実費による。」と記載した場合、記載金額100万円について印紙税額を決定します。

④　契約書に課税される印紙税の納付

ア　印紙税の納付義務者

課税文書の作成者は、その作成した課税文書について印紙税を納める義務があります（印紙税法3条1項)。2人以上の者が共同して作成した場合は、連帯して印紙税を納める義務（連帯納税義務）があります（同条2項)。

作成者は、原則として文書に記載された作成名義人ですが、法人などの役員または従業員がその法人などの業務または財産に関して作成したものについては、役員または従業員が作成名義人となっていても、その法人などが作成者となります。

委任にもとづく代理人が、委任事務の処理にあたって作成する課税文書については、(i)代理人名義で作成する文書は、その文書に委任者の名称が表示されていても、代理人が作成者となります。(ii)委任者の名義のみが表示されている文書は、その委任者が作成者となります。

イ 印紙税の納付方法

(ア) 原 則

印紙税額に相当する額面の印紙を契約書に貼り（印紙税法8条1項）、貼り付けた印紙に消印（自己またはその代理人、使用人その他の従業者の印章または署名）を押さなければなりません。消印は、文書と印紙の彩紋（印紙の中央にある模様部分）にまたがって判明に押すことが求められています（同条2項）。なお、消印は、契約書本文に押捺したのと同一の印鑑である必要はありません。契約書の調印を終えた後に印紙を貼付したときは、そのときに消印を押捺すれば足ります。しかし、せっかく印紙を貼付しても消印を忘れると、印紙額と同額の過怠税を課せられる可能性があるので（同法20条3項）、注意が必要です。

(イ) その他特例

税印押捺による納付、印紙税納付計器の使用による納付、書式表示による納付があります（印紙税法9条ないし11条）。

(2) 税務への配慮

契約書作成にあたっては、契約当事者の頭数分の契約書を作り、当事者が各1通を保持することが一般的です。もっとも、前述のとおり、契約書には印紙税が課税されるものが多くありますので、節税の観点から、次のような方法を採用することも可能です。

① 写しの作成の検討

1通の正本を作成し、ほかを写し（コピー）とします。金融機関の金銭消費貸借契約やクレジット会社のクレジット契約書では、署名・押印するのは借入等の当事者のみとし、不動文字で金融機関を宛先として記載した1通の複写式の書面を作成するのがほとんどですが、この類型に属するといってよいでしょう。

もっとも、この場合においても、契約書の写しに契約当事者が署名または押印したり、正本や原本などと相違ないことを契約当事者が証明したり、写しであることを契約当事者が証明したものは、課税文書たる契約書に該当します。

なお、副本（写しではなく、契約書の原本）についても、当事者が署名または押印した文書であれば、印紙税が課せられます。

②　差し入れ方式

一方当事者から他方当事者に対し、念書の形式で文書を差し入れることが可能な場合もあります。債務確認・債務弁済の念書が典型例です。この場合、当該差し入れ方式の文書は、原則として契約書にあたらず課税されません。

(3) 電子契約

電磁的記録により作成された電子契約については、印紙税の課税対象にはなっていません（令和3年4月現在。もっとも、今後印紙税法の改正により課税対象になる可能性がないわけではありません)。

近年、コスト削減や安全性の向上、そしてテレワークの普及等に伴い、電子契約システムを導入する企業が増加しています。建設業法など、書面による契約を要件としていた法律も改正され、一定の要件のもとで電子契約を認めています。保証契約も電子契約により締結することが可能となっています（民法446条3項)。

Coffee Break

袋綴じ

複数枚にわたる契約書をホチキスで綴じたものに押印するとき、2つの用紙にまたがって印鑑を押捺する「契印」（割印ともいいます）をするのが通例です。文書の連続性を証明するために行われるのですが、分厚い契約書では、押捺する回数もさることながら、厚すぎてうまく印鑑を押せないことがあります。連続性の証明であれば、ページ数を記載すれば足りるはずですが（裁判所提出書面では採用済みです)、重要な取引ではなかなか納得が得られません。

そういうときに重宝なのが「袋綴じ」です。本来は、文字を記載した面が外側になるように二つ折りし、折り目でない方を重ね合わせる方法（和装本で多用）をいうのですが、契約現場では、複数枚の綴じた契約書の1枚目と最終枚の各端にのり付けした短冊紙を巻いて貼り付ける方法を指します。袋綴じにすれば、全ページの契印は不要となり、本紙と袋綴じ用紙の接合部に契印をすれば足ります。面倒なときは、コピーショップに行けばやってくれます。

（髙中正彦）

Coffee Break

電子署名の証明力

電子署名には、リモート型電子署名（サービス提供事業者のサーバに利用者の署名鍵を設置・保管し、利用者がサーバにリモートでログインしたうえで自らの署名鍵で当該事業者のサーバ上で電子署名を行うもの）やクラウド型電子署名（サービス提供事業者が利用者の指示を受けて電子署名を行うサービスにより署名を行うもの）などがあります。

電子署名を用いた電子契約の証明力については、「電子署名及び認証業務に関する法律（電子署名法）」3条において、本人による電子署名があれば真正な成立が推定されています。そして、書面に押印した場合と同様、いわゆる二段の推定により、電子署名の存在から真正な成立が推定することになると考えられています。ここで、「本人による電子署名」とありますが、本人の指示を受けて事業者が押印を行うクラウド型電子署名も、一定の要件を満たせば同条の適用を受けるとされています（下記各省庁のQ&Aより）。

電子契約については、法律の条文上は明らかでない点がかなりありますが、各省庁が連名で解釈の指針となるQ&Aを発表していますので（内閣府、法務省、経済産業省による令和2年6月19日「押印についてのQ&A」、総務省、法務省、経済産業省による令和2年7月17日「利用者の指示に基づきサービス提供事業者自身の署名鍵により暗号化等を行う電子契約サービスに関するQ&A（電子署名法第2条関係）」、総務省、法務省、経済産業省による令和2年9月4日「利用者の指示に基づきサービス提供事業者自身の署名鍵により暗号化等を行う電子契約サービスに関するQ&A（電子署名法第3条関係）」など）、疑問が生じた場合は、これらを参考にするのがよいでしょう。

電子契約に関しては、電子署名法、「電子計算機を使用して作成する国税関係帳簿書類の保存方法等の特例に関する法律（電子帳簿保存法）」、「書面の交付等に関する情報通信の技術の利用のための関係法律の整備に関する法律（IT書面一括法）」、「民間事業者等が行う書面の保存等における情報通信の技術の利用に関する法律（e文書法）」、印紙税法などに関連して質問されることも多いと思います。今後電子契約はさらに普及するものと思いますので、弁護士としては、電子契約の証明力や取扱いについてアドバイスできるように、仕組みを含む基本的な知識や関連する法律の大まかな内容はおさえておきたいところです。

（西田弥代）

印紙税額一覧表

令和3年5月現在

（10万円以下又は10万円以上………10万円は含まれます。
10万円を超え又は10万円未満……10万円は含まれません。）

番号	文書の種類（物件名）	印紙税額（1通又は1冊につき）	主な非課税文書
1	**1 不動産、鉱業権、無体財産権、船舶若しくは航空機又は営業の譲渡に関する契約書** （注）無体財産権とは、特許権、実用新案権、商標権、意匠権、回路配置利用権、育成者権、商号及び著作権をいいます。 （例）不動産売買契約書、不動産交換契約書、不動産売渡証書など **2 地上権又は土地の賃借権の設定又は譲渡に関する契約書** （例）土地賃貸借契約書、土地賃料変更契約書など **3 消費貸借に関する契約書** （例）金銭借用証書、金銭消費貸借契約書など **4 運送に関する契約書** （注）運送に関する契約書には、傭船契約書を含み、乗車券、乗船券、航空券及び送り状は含まれません。 （例）運送契約書、貨物運送引受書など	記載された契約金額が 10万円以下のもの　200円 10万円を超え 50万円以下のもの　400円 50万円を超え 100万円以下 〃　1千円 100万円を超え 500万円以下 〃　2千円 500万円を超え 1千万円以下 〃　1万円 1千万円を超え 5千万円以下 〃　2万円 5千万円を超え 1億円以下 〃　6万円 1億円を超え 5億円以下 〃　10万円 5億円を超え 10億円以下 〃　20万円 10億円を超え 50億円以下 〃　40万円 50億円を超えるもの　60万円 契約金額の記載のないもの　200円	記載された契約金額が**1万円未満（※）**のもの ※ 第1号文書と第3号から第17号文書とに該当する文書で第1号文書に所属が決定されるものは、記載された契約金額が1万円未満であっても非課税文書となりません。
	上記の1に該当する「不動産の譲渡に関する契約書」のうち、平成9年4月1日から令和4年3月31日までの間に作成されるものについては、契約書の作成年月日及び記載された契約金額に応じ、印紙税額が軽減されています。 **平成26年4月1日から令和4年3月31日までの間に作成されるものについては、右欄のとおりです。** （注）契約金額の記載のないものの印紙税額は、本則どおり200円となります。	**【平成26年4月1日～令和4年3月31日】** 記載された契約金額が 50万円以下のもの　200円 50万円を超え 100万円以下のもの　500円 100万円を超え 500万円以下 〃　1千円 500万円を超え 1千万円以下 〃　5千円 1千万円を超え 5千万円以下 〃　1万円 5千万円を超え 1億円以下 〃　3万円 1億円を超え 5億円以下 〃　6万円 5億円を超え 10億円以下 〃　16万円 10億円を超え 50億円以下 〃　32万円 50億円を超えるもの　48万円	

番号	文書の種類（物件名）	印紙税額（1通又は1冊につき）	主な非課税文書
2	**請負に関する契約書** （注）請負には、職業野球の選手、映画（演劇）の俳優（監督・演出家・プロデューサー）、プロボクサー、プロレスラー、音楽家、舞踊家、テレビジョン放送の演技者（演出家、プロデューサー）が、その者としての役務の提供を約することを内容とする契約を含みます。 （例）工事請負契約書、工事注文請書、物品加工注文請書、広告契約書、映画俳優専属契約書、請負金額変更契約書など	記載された契約金額が 100万円以下のもの　200円 100万円を超え200万円以下のもの　400円 200万円を超え300万円以下　〃　1千円 300万円を超え500万円以下　〃　2千円 500万円を超え1千万円以下　〃　1万円 1千万円を超え5千万円以下　〃　2万円 5千万円を超え　1億円以下　〃　6万円 1億円を超え　5億円以下　〃　10万円 5億円を超え　10億円以下　〃　20万円 10億円を超え　50億円以下　〃　40万円 50億円を超えるもの　60万円 契約金額の記載のないもの　200円	記載された契約金額が**1万円未満（※）**のもの ※　第2号文書と第3号から第17号文書とに該当する文書で第2号文書に所属が決定されるものは、記載された契約金額が1万円未満であっても非課税文書となりません。
	上記の「請負に関する契約書」のうち、建設業法第2条第1項に規定する建設工事の請負に係る契約に基づき作成されるもので、平成9年4月1日から令和4年3月31日までの間に作成されるものについては、契約書の作成年月日及び記載された契約金額に応じ、印紙税額が軽減されています。 **平成26年4月1日から令和4年3月31日までの間に作成されるものについては、右欄のとおりです。** （注）契約金額の記載のないものの印紙税額は、本則どおり200円となります。	**【平成26年4月1日～令和4年3月31日】** 記載された契約金額が 200万円以下のもの　200円 200万円を超え300万円以下のもの　500円 300万円を超え500万円以下　〃　1千円 500万円を超え1千万円以下　〃　5千円 1千万円を超え5千万円以下　〃　1万円 5千万円を超え　1億円以下　〃　3万円 1億円を超え　5億円以下　〃　6万円 5億円を超え　10億円以下　〃　16万円 10億円を超え　50億円以下　〃　32万円 50億円を超えるもの　48万円	
3	**約束手形、為替手形** （注）1 手形金額の記載のない手形は非課税となりますが、金額を補充したときは、その補充をした人がその手形を作成したものとみなされ、納税義務者となります。 2 振出人の署名のない白地手形（手形金額の記載のないものは除きます。）で、引受人やその他の手形当事者の署名のあるものは、引受人やその他の手形当事者がその手形を作成したことになります。	記載された手形金額が 10万円以上　100万円以下のもの　200円 100万円を超え200万円以下　〃　400円 200万円を超え300万円以下　〃　600円 300万円を超え500万円以下　〃　1千円 500万円を超え1千万円以下　〃　2千円 1千万円を超え2千万円以下　〃　4千円 2千万円を超え3千万円以下　〃　6千円 3千万円を超え5千万円以下　〃　1万円 5千万円を超え　1億円以下　〃　2万円 1億円を超え　2億円以下　〃　4万円 2億円を超え　3億円以下　〃　6万円 3億円を超え　5億円以下　〃　10万円 5億円を超え　10億円以下　〃　15万円 10億円を超えるもの　20万円	1 記載された手形金額が10万円未満のもの 2 手形金額の記載のないもの 3 手形の複本又は謄本
	①一覧払のもの、②金融機関相互間のもの、③外国通貨で金額を表示したもの、④非居住者円表示のもの、⑤円建銀行引受手形	200円	

番号	文書の種類（物件名）	印紙税額（１通又は１冊につき）	主な非課税文書
4	**株券、出資証券若しくは社債券又は投資信託、貸付信託、特定目的信託若しくは受益証券発行信託の受益証券** （注）１ 出資証券には、投資証券を含みます。 ２ 社債券には、特別の法律により法人の発行する債券及び相互会社の社債券を含みます。	記載された券面金額が 500万円以下のもの　200円 500万円を超え １千万円以下のもの　１千円 １千万円を超え ５千万円以下　〃　２千円 ５千万円を超え　１億円以下　〃　１万円 １億円を超えるもの　２万円 （注）株券、投資証券については、１株（１口）当たりの払込金額に株数（口数）を掛けた金額を券面金額とします。	１ 日本銀行その他特定の法人の作成する出資証券 ２ 譲渡が禁止されている特定の受益証券 ３ 一定の要件を満たしている額面株式の株券の無効手続に伴い新たに作成する株券
5	**合併契約書又は吸収分割契約書若しくは新設分割計画書** （注）１　会社法又は保険業法に規定する合併契約を証する文書に限ります。 ２　会社法に規定する吸収分割契約又は新設分割計画を証する文書に限ります。	４万円	
6	**定　款** （注）株式会社、合名会社、合資会社、合同会社又は相互会社の設立のときに作成される定款の原本に限ります。	４万円	株式会社又は相互会社の定款のうち公証人法の規定により公証人の保存するもの以外のもの
7	**継続的取引の基本となる契約書** （注）契約期間が３か月以内で、かつ、更新の定めのないものは除きます。 （例）売買取引基本契約書、特約店契約書、代理店契約書、業務委託契約書、銀行取引約定書など	４千円	
8	**預金証書、貯金証書**	200円	信用金庫その他特定の金融機関の作成するもので記載された預入額が１万円未満のもの
9	**倉荷証券、船荷証券、複合運送証券** （注）　法定記載事項の一部を欠く証書で類似の効用があるものを含みます。	200円	
10	**保険証券**	200円	
11	**信用状**	200円	
12	**信託行為に関する契約書** （注）信託証書を含みます。	200円	
13	**債務の保証に関する契約書** （注）主たる債務の契約書に併記するものは除きます。	200円	身元保証ニ関スル法律に定める身元保証に関する契約書

番号	文書の種類（物件名）	印紙税額（1通又は1冊につき）	主な非課税文書
14	**金銭又は有価証券の寄託に関する契約書**	200円	
15	**債権譲渡又は債務引受けに関する契約書**	記載された契約金額が1万円以上のもの　200円 契約金額の記載のないもの　200円	記載された契約金額が1万円未満のもの
16	**配当金領収証、配当金振込通知書**	記載された配当金額が3千円以上のもの　200円 配当金額の記載のないもの　200円	記載された配当金額が3千円未満のもの
17	**1　売上代金に係る金銭又は有価証券の受取書** （注）1 売上代金とは、資産を譲渡することによる対価、資産を使用させること（権利を設定することを含みます。）による対価及び役務を提供することによる対価をいい、手付けを含みます。 2　株券等の譲渡代金、保険料、公社債及び預貯金の利子などは売上代金から除かれます。 （例）商品販売代金の受取書、不動産の賃貸料の受取書、請負代金の受取書、広告料の受取書など	記載された受取金額が 100万円以下のもの　200円 100万円を超え200万円以下のもの　400円 200万円を超え300万円以下　〃　600円 300万円を超え500万円以下　〃　1千円 500万円を超え1千万円以下　〃　2千円 1千万円を超え2千万円以下　〃　4千円 2千万円を超え3千万円以下　〃　6千円 3千万円を超え5千万円以下　〃　1万円 5千万円を超え1億円以下　〃　2万円 1億円を超え2億円以下　〃　4万円 2億円を超え3億円以下　〃　6万円 3億円を超え5億円以下　〃　10万円 5億円を超え10億円以下　〃　15万円 10億円を超えるもの　20万円 受取金額の記載のないもの　200円	次の受取書は非課税 1 記載された受取金額が5万円未満のもの 2 営業に関しないもの 3 有価証券、預貯金証書など特定の文書に追記した受取書
	2　売上代金以外の金銭又は有価証券の受取書 （例）借入金の受取書、保険金の受取書、損害賠償金の受取書、補償金の受取書、返還金の受取書など	200円	
18	**預金通帳、貯金通帳、信託通帳、掛金通帳、保険料通帳**	1年ごとに　200円	1 信用金庫など特定の金融機関の作成する預貯金通帳 2 所得税が非課税となる普通預金通帳など 3 納税準備預金通帳
19	**消費貸借通帳、請負通帳、有価証券の預り通帳、金銭の受取通帳などの通帳** （注）18に該当する通帳を除きます。	1年ごとに　400円	
20	**判取帳**	1年ごとに　4千円	

出典：国税庁HP　令和3年5月版「印紙税の手引」35～36頁
（https://www.nta.go.jp/publication/pamph/inshi/tebiki/pdf/00.pdf）

Point

- ◆契約書を作成またはレビューする際は、印紙税が課税されるかどうか、されるとしていくらなのかをアドバイスするように努める。
- ◆印紙税が課される文書は、印紙税法別表第1の20種類の文書に該当し、かつ非課税文書に該当しない文書である。
- ◆印紙税が課される場合、その印紙税額は印紙税額一覧表で確認する。
- ◆印紙税未納付の契約書は無効となるわけではないが、過怠税課税や罰則が科せられる可能性がある。
- ◆電子契約、電子署名の証明や取扱いについて関連する法令を含めておさえておく。

［西田弥代］

Coffee Break

委任契約と請負契約

委任契約と請負契約の違いは、前者が法律行為を委託することを目的としている（民法643条）のに対し、後者は仕事の完成を目的としている（同法632条）ことですが、現実には、委任と請負は判別がつきにくいケースも多々あります。ところが、印紙税の取扱いについては、前者が課税文書に該当せず不課税となるのに対し、後者は2号文書に該当するので課税文書となり、大きく異なります。

印紙税の判断の場面では成果物の有無で両者を区別するようなこともあるようです。たとえば、税理士との間で税務相談をすることを目的とした契約書を作成するのは委任契約にあたるので印紙税は課されませんが、確定申告手続を委託する場合は、書面の作成、つまり仕事の完成を契約の目的とするので請負契約となり、その契約書には印紙を貼らなければなりません。

弁護士の場合は、委任契約に該当するので、弁護士職務基本規程30条で作成を義務づけられている委任契約書には印紙を貼る必要はありません。顧問契約書にも同様に印紙の貼付は不要です。

（市川　充）

5 倒産処理をめぐる税務

Section

Scene

新田弁護士は、高川弁護士から「裁判所からＡ株式会社の破産管財人を委嘱されたが、平成22年度税制改正によって、清算所得課税制度が廃止されている。どういうふうに改正になったのかを調べておくように」と指示されました。

また、その直後に、新田弁護士自身も、Ｂさんから個人再生事件の依頼を受けましたが、税務処理がわかりません。

破産事件や再生事件の税務はどうなっているのでしょうか。

(1) 破産事件

破産事件の税務は、破産者の税務と破産債権者の税務とに分かれます。そのうち、破産者の税務は、基本的に破産管財人が行います。

① 破産者の税務（破産管財人の税務）

破産者が法人の場合と個人の場合とに分けて考えていきましょう。

ア 法人の破産

破産した法人については、法人税、地方税、消費税の３つの税の処理が主たるものとなります。地方税の一部（固定資産税など）を除き、いずれも申告納税方式が採用されていますから、所轄の税務署に申告書を提出することが必要です。そこで、破産管財人は、就任したらすぐに税務申告に着手する必要があります。

(ア) 法人税

平成22年度税制改正によって、平成22年10月１日以降に解散（破産手続開始もこれにあたります）する法人に対する課税が、清算所得課税から通常の所得課税に変更されました。それまでは、破産手続が開始されると破産終結までの間が清算事業年度となり、法人税は課税されない扱いとされ、破産手続が終結したときに清算確定事業年度として清算所得がある場合に初めて法人税が課税されることになっていました。現実には、清算所得がある場合はほとんどなく、したがって法人税の課税がされることはないとされていました。

ところが、このような清算所得課税が廃止され、通常の所得課税に変更されましたので、資産を簿価よりも高価で売却した場合や特定の債務につき債権者から免除を受けた場合には所得が生じ、これに課税されることになりました（法人税法５条）。ただし、残余財産がない場合における期限切れ欠損金の損金算入制度が整備されています。すなわち、解散（破産手続開始決定）した法人に残余財産がないと見込まれるときは、清算中に終了する事業年度前の各事業年度で生じた欠損金額のうち、いわゆる期限切れ欠損金につき、青色欠損金および災害損失欠損金の控除後でかつ最後事業年度の事業税の損金算入前の所得金額を限度として、損金の額に算入することとされました（同法59条）。破産法人は、通例この状況にあると認められますので、法人税の課税はありませんが、申告手続は必要ということになります。制度が変わりましたので、注意が必要です。

㈠　地方税

破産法人が納付する地方税には、法人住民税（道府県民税・都税・市町村民税・特別区税）、法人事業税、固定資産税、自動車税などがあります。このうち法人住民税には、均等割（地方税法52条、312条）と法人税割（同法51条、314条の４）の２つがあります。均等割というのは、当該の地方自治体の区域内に事務所を有していることによって資本金の額や従業員の数に応じて課税されるものであり、法人税割というのは、法人税の金額をもとに課税するものです。これらは、財団債権または優先的破産債権として処理されます。固定資産税と自動車税については、省略します。ただ、前者が１月１日を賦課期日とし、後者が４月１日を賦課期日としている点に注意が必要です。

(ウ)　消費税

破産法人の消費税は、解散事業年度で課税資産の譲渡などがあり消費税の納付が必要なときは、確定申告をします。また、還付を受けるために申告の必要があることもあります。特に建物の売却をしたときには、必須です（土地の譲渡は課税対象ではありません）。

イ　個人の破産

個人が破産したときは、法人のような規定はなく、破産した年度の所得税の確定申告は依然として破産者が行います。ただ、源泉税などの還付を受ける場合に破産管財人が確定申告を行うことが必要となることがあるにとどまります。したがって、個人の破産では、破産管財人が税務処理を行うことはあまりありません。

②　破産債権者の税務

破産債権者は、一般には所定期間内に債権届出を行ったうえ破産管財人から配当を受ける地位にありますが、税務処理としては、貸倒引当金または貸倒金として損金または必要経費に算入し、これによって法人税または所得税を軽減することがあります（法人税法52条1項、所得税法52条1項）。

まず、破産手続開始の申立てがあったときは、破産手続開始決定のときに有していた債権の50％相当額を貸倒引当金として損金または必要経費とすることができます。また、破産手続が終結したときは、配当を受けられなかった残債権全部について、貸倒損失として処理することができます。これにより、会社の場合は、損失として営業利益から控除し、個人事業主の場合は、必要経費に算入して所得から控除することとなります。これらは、その会社または個人の依頼している税理士に処理してもらうことが通例でしょう。

(2)　民事再生事件

民事再生についても、再生債務者の税務と再生債権者の税務の2つに分けて考えていきます。

①　再生債務者の税務

ア　法人の民事再生

民事再生は、経営が行き詰まった債務者（法人・個人）が、再生計画という再建案を定めて債権者の多数の同意を獲得し、裁判所の認可を受けて、事業または経済生活の再生を図る制度であり、再建型倒産処理の基本とされています。そして、再生計画では通常、再生債権の一部免除（一部カット）がなされます。ところが、法人の民事再生についていうと、この債権カット＝債務免除は、会社が解散した清算手続に入っていない限り、法人税法上の「益金」となり、そこから損金を控除した所得に対して課税がなされます（法人税法21条、22条1項）。したがって、債務免除の総額が膨大な額になれば、免除益も膨大になり、その結果法人税の支払ができなくなって再倒産という事態になりかねないのです。民事再生成功の鍵は税務処理が握っているといっても過言ではありません。

そうすると、どうやって免除益を消すかが極めて大切になります。免除益は、それまでの累積した赤字（繰越損失）と通算されますが、それでも免除益が残るときには、前述したいわゆる期限切れ欠損金の損金算入を利用します。なお、平成22年10月1日以降に解散した法人については、清算所得課税方式が廃止されましたので、解散をすれば免除益課税が回避できることにはなりませんので、注意が必要です。

いずれにしても、免除益に関する処理は、税務署から否認されることもないわけではないため、専門家を含めた慎重な検討が必要です。

イ　個人の民事再生

再生債務者が個人事業主である場合における債務免除は、所得税法の問題となります。資産もなく弁済資力が皆無である場合では贈与とみなされることはないと思われますが、場合によっては、再生債務者に対して経済的利益を与えることを目的とした贈与と認められる場合がないではありません（相続税法8条)。贈与だとすると、多額の贈与税の課税が問題となってきますので、再生計画自体が成り立つかどうかに大きくかかわってきます。税務当局に相談する場合もあると思われます。

以上のように、法人ばかりでなく個人であっても、民事再生手続を進めるときは、公認会計士または税理士の補助が必要なことがあります。弁護士のみで税務も処理できると考えるのは危険であるといえます。

②　再生債権者の税務

再生債権者の税務については、特に指摘することはありません。破産とほぼ同様に考えていただいて結構です。

(3) 任意整理

任意整理を処理するについても、税務処理は欠かせません。任意整理にもさまざまなパターンがありますが、ここでは法人の再建型で説明します。

法人を再生する方向での任意整理は、銀行をはじめとする金融機関の債権放棄を受けることが難しく、簡単ではありません。返済期間を延長する方法で乗り切れればよいのですが、貸付債権の一部免除が必要な場合は、金融機関は法的処理でなければ債権放棄はできないというはずです。金融機関が債権放棄を了解するのは、私的整理ガイドライン・再生支援協議会・再生支援機構・RCCの企業再生スキーム・事業再生ADRの5つの手続によった場合にほとんど限られますが、その場合は、金銭債務を含む全ての資産の評価益または評価損を益金または損金に計上する措置、期限切れの欠損金を青色欠損金に優先して控除できる措置が受けられます。このほかにも、債権者に対する債務を資本金に振り替える方法（DES＝Debt Equity Swap）など債務を圧縮する方法はさまざまですが、いずれも税務的検討が不可欠です。

なお、任意整理の申出を受けた債権者としては、その債権について特別な会計処理は不要ですが、回収不能見込額について貸倒引当金を設定することが求められます。また、債権放棄をしたときは、貸倒損失を計上します。いずれも通常、当該債権者の税務処理を担当している税理士に処理してもらうものでしょう。

Point

◆破産のような清算型の倒産処理でも、欠損金の繰戻しなどによって破産財団を増殖することができる。

◆倒産処理について税務処理は大きな意味をもっており、特に再建型の倒産処理では、債権放棄に伴う税務問題（免除益課税）をどのように解決するかが成功の鍵をにぎっている。

［髙中正彦］

Coffee Break

会社分割

会社分割は、最近では事業承継の方法や事業再生の手法として用いられることが多く、弁護士が会社分割を利用した企画立案を企業に提供することも重要な職務の1つです。ところが、会社分割の税務は複雑で、税制適格分割の場合と非適格分割の場合とでは課税内容は全く異なります。

会社分割の利用価値が高まるのは、税制適格分割であることが前提です。会社分割は、既存の会社の事業部門の一部を切り出して外部に承継させることですが、適格分割であれば外に出して承継させる資産が簿価として計上され、分割会社や承継会社への税負担は少なくてすみます。ところが、非適格分割となると、承継資産は時価評価されることになるので、資産譲渡がなされる場合の法人税が課されることになり分割会社の税負担が大きくなることがあります。

このように会社分割を利用して企画立案する場合は、税務判断が不可欠ですから、税理士ないし会計士との連携が重要な意味をもつことになります。

（市川　充）

6 事務所経営をめぐる税務

Section

Scene

新田弁護士は、これまで国選弁護と弁護士会の法律相談程度の個人事件しか経験がありませんでしたが、知人の紹介で高額の相続財産を対象とする遺産分割事件を個人事件として受任し、年末には1000万円の弁護士報酬をもらえる見込みとなりました。そこで、新田弁護士は、この報酬1000万円とそれまでの貯金を使えば翌年4月には何とか独立できると考え、これらを新事務所の保証金や内装設備に全て注ぎ込むことにしました。ところが、翌年に確定申告をすると、所得税、消費税、事業税を支払わなければならないことに気付きましたが、納税資金が手元になくなっています。

事務所経営についての税務を失念したことが悔やまれます。

(1) 弁護士業務に伴う税金の種類

弁護士は、法律事務所を設けてその業務を遂行するにあたり、どのような税が課されるのか、その税は何に対して課されるのか、いつ納付しなければならないのか、といった基礎的な事項を知っておかなければ、収入がいくら上がっても後で予想外の多額な税金が課され、円滑な事務所運営に支障を来すという状況に陥りかねません。先輩弁護士を見ても、税務処理は事務所経営にとって切っても切れない関係にある事柄であることは明らかです。

そこで、まず、弁護士業務に伴って受ける課税の種類にはどのようなものがあるのか、納付方法や納付時期はどうなっているのかを大まかに把握しましょう。そのうえで、各税目について、注意すべき点を解説します。

なお、ここでは、弁護士法人ではなく個人事業主として業務を行っている場合を前提とします。

弁護士業務に伴う税金

税目	定義	課税標準	納付方法・納付時期
所得税	個人の所得（担税力の標識としての経済的利得）に対して国により課される税金	当年分の所得金額	確定申告・確定申告期限
住民税	住所（事業所）所在地の都道府県と市区町村により課される、2つの地方税（都道府県民税、市町村（特別区）民税）を合計した税金。所得の多寡にかかわらない均等割金額と、所得によって税率の異なる所得割金額とを合算して支払う	前年分の所得金額	賦課徴収（確定申告書に基づき、納税者に通知の上徴収）・6月、8月、10月、1月の4回に分けて納付
事業税	事業を行っていることに対して課される税金	前年分の所得金額から事業主控除額を差し引いた金額	賦課徴収・第一期分は8月1日～8月31日、第二期分は、11月1日～11月30日
消費税	国内で事業者が行った取引（対価を得て資産の譲渡等をする）を課税対象とする税金であり、消費一般に広く公平に課税する間接税。基準期間の課税売上高が1000万円以下の事業者は、免税事業者となる	業務の対価の金額	確定申告・翌年の3月31日
固定資産税・自動車税等	特定の資産に対して課される税金	課税対象資産等の基準年度の価格	賦課徴収・固定資産税は、4月、7月、12月、2月、自動車税は、5月

(2) 所得税・住民税

所得税は、損害賠償金や慰謝料など一定の非課税所得を除く、全ての所得（利子所得、配当所得、不動産所得、事業所得、給与所得、譲渡所得、一時所得、雑所得、退職所得、山林所得）に対して課される税金であり、所得税の課税標準である総所得金額は、翌年分の住民税の所得割部分の標準も構成します。そこで、これらを合わせて「所得税」として見ていきましょう。

事務所経営を行ううえで課税される所得のうち、主たるものは「事業所得」です。事業所得は、総収入額から必要経費を差し引いたものですので、「総収入額」とは、何を指すのか、「必要経費」とは何を指すのかをよく理解しておく必要があります。

事業所得 ＝ 総収入額 － 必要経費

①　総収入額の考え方

ア　収入の種類

所得税法上、収入金額とは、「その年において収入すべき金額（金銭以外の物又は権利その他経済的な利益をもって収入する場合には、その金銭以外の物又は権利その他経済的な利益の価額）」とされています（所得税法36条1項）。弁護士業務においては、主に、①法律相談料、②事件受任ごとに受領する着手金・報酬金、③顧問料、④日当、⑤鑑定料、⑥手数料などが収入として考えられます。

イ　事業所得と給与所得の区別

上記6つの主な収入のほか、弁護士は、私企業の役員や、大学の講師、弁護士会の嘱託職員として収入を得る場合があります。給与所得の場合には、事業所得と異なり、必要経費を差し引くことができませんが、その代わりに所得税法で定めた給与所得控除額を給与等の収入金額から差し引くこととなりますので、事業所得と給与所得とは区別して申告する必要があります。

両者の区別について、判例（最判昭和56・4・24判タ442号85頁）は、「事業所得とは、自己の計算と危険において独立して営まれ、営利性、有償性を有し、かつ反復継続して遂行する意思と社会的地位とが客観的に認められる業務から生ずる所得をいい、これに対し、給与所得とは、雇傭契約又はこれに類する原因に基づき使用者の指揮命令に服して提供した労務の対価として使用者から受ける給付をいう」とし、「給与所得については、とりわけ、給与支給者との関係において何らかの空間的、時間的な拘束を受け、継続的ないし断続的に労務又は役務の提供があり、その対価として支給されるものであるかどうかが重視されなければならない」と判示しています。

上記基準によると、たとえば「顧問料」として支給を受ける場合であっても、顧問先会社において勤務時間を定められて継続的定期的に執務しているような場合には、当該顧問料は、事業所得ではなく給与所得と判断されることとなります。

ウ　収入の帰属年度

事業所得の算定基礎となる収入額は、上記のとおり、「その年において収入すべき金額」とされていますので、着手金に関して分割払いの約束をした場合や報酬金の支払時期を事件終了時として具体的な支払時期を定めていなかった場合など、収入金額をいずれの年のものとして計上すべきかが問題となる場面が多くあります。

この点について、判例（最判昭和40・9・8刑集19巻6号630頁）は、所得税法にいう収入すべき金額とは、「収入すべき権利の確定した金額をいい、その確定の時期は、いわゆる事業所得にかかる売上代金債権については、法律上これを行使することができるようになったときと解するのが相当である」とし、いわゆる権利確定主義を採用しています。この判例によれば、着手金については、通常、委任契約の締結時において、依頼者に対して当該委任契約に定められた着手金の全額を請求する権利を確定的に取得するものと解され、分割払いの合意をしたとしてもそれは単に着手金の支払方法を定めたものに過ぎないと認められます。したがって、分割払いの合意により支払日が年をまたいでいても、原則として委任契約を締結した年度における収入として計上する必要があります。

報酬金についても、報酬請求権が確定的に発生した時期を基準として収入すべき金額を計上して所得を算定すべきであり、報酬請求権が確定的に発生した時期については、弁護士と依頼者との間で締結される委任契約において定められる弁護士報酬支払時期その他の支払に関する合意に基づいて判断すべきものと解されます。したがって、実際に報酬金の支払があった時点ではなく、委任契約において定めた報酬金の発生時点（たとえば、「事件終了時」と定めた場合には、事件が終了した時）の属する年における収入として計上する必要があります。

②　必要経費の考え方

必要経費とは、「所得の総収入金額に係る売上原価その他当該総収入金額を得るため直接に要した費用の額及びその年における販売費、一般管理費その他これらの所得を生ずべき業務について生じた費用の額とする」とされています(所得税法37条1項)。

弁護士業務は、一般の営利事業とは異なる面が多く、企業会計で用いられる販売費・一般管理費を想定することはなかなかに困難ですが、その支出が必要経費に該当するか否かを判断するためには、業務との関連性および必要性、有益性の程度、支出目的、支出の相手方、支出金額の社会的相当性などを総合考慮し、業務上の支出として合理性があるか否かを検討することになります。たとえば、事務所兼自宅にかかる家賃については、事務所として使用している占有面積の割合分は必要経費となるものの、自宅として使用している占有面積の割合分は必要経費とならないなど、単純に費目により経費性の有無が判断できないことがありますので、注意を要します。

なお、弁護士が弁護士会等の役員としての活動に伴い支出した懇親会費等について、必要経費該当性が問題となった事案があります。一審判決（東京地判平成23・8・9判時2145号17頁）は、必要経費にはあたらないとしましたが、控訴審判決（東京高判平成24・9・19判時2170号20頁）は、「弁護士会等の活動は、弁護士に対する社会的信頼を維持して弁護士業務の改善に資するものであり、弁護士として行う事業所得を生ずべき業務に密接に関係するとともに、会員である弁護士がいわば義務的に多くの経済的負担を負うことにより成り立っているものであるということができるから、弁護士が人格の異なる弁護士会等の役員等としての活動に要した費用であっても、弁護士会等の役員等の業務の遂行上必要な支出であったということができるのであれば、その弁護士としての事業所得の一般対応の必要経費に該当すると解するのが相当である」として、一部を必要経費として肯定しました（その後、国税当局の上告受理申立てが退けられ、同高裁判決が確定)。ちなみに、司法書士や弁護士がロータリークラブの入会金と会費を必要経費に算入したことにつき、これらは必要経費に該当しないとした国税不服審判所の裁決（平成26・3・6名裁（所）平25

−26裁決事例集第94集。平成28・7・19関裁（所）平28−1裁決事例集未登載）があります。判例が待たれます。

このように、弁護士業務においては、当該支出が必要経費に該当するか否かについて実質的判断を要求されますので、領収書を管理する場合にも、何に使ったかを明確にしておく必要があります。特に、交際費として計上しようとする飲食費の領収書には、誰と、何の目的で飲食をしたのかなどを記載しておく方がよいでしょう。

(3) 事業税

事業税は、法人および個人の事業に対して課される地方税（都道府県税）です。個人に対する賦課は、前年中の個人の事業の所得が課税標準とされます。

所得税の確定申告をすれば、そのデータが都道府県に伝えられますので、個人の事業税の申告をする必要はありません。

税額は、次の計算式により、算出されます。

【計算式】

（事業所得及び不動産所得 ＋ 所得税の事業専従者給与（控除）額 − 個人事業税の事業専従者給与（控除）額 ＋ 青色申告特別控除額 − 各種控除額）× 税率

弁護士の場合、事業税の税率は、5%とされています。

毎年8月に、都道府県税事務所・支庁から送付される納税通知書によって、8月と11月の年2回納める必要があります。

（以上につき東京都主税局のホームページを参照。http://www.tax.metro.tokyo.lg.jp/kazei/kojin_ji.html）

(4) 消費税

消費税は、国内で事業者が行った取引（対価を得て資産の譲渡等をする）を課税対象とする税金です（消費税法4条1項）。資産の譲渡等には、役務の提供も含まれていますので（同法2条1項8号）、弁護士業務は全て消費税課税の対象となります。

基本的には、基準期間（個人事業主についてはその年の前々年、法人についてはその事業年度の前々事業年度）の課税売上高が1000万円を超える事業者が、消費税の納付義務者となります。

令和3年4月現在、弁護士業務における国税の消費税の税率は7.8％であり、このほか、地方消費税が消費税率換算で2.2％課税されますから、合わせた税率は10％となります。

ただし、「酒類、外食を除く飲食料品」と「定期購読契約が締結された週2回以上発刊される新聞」については軽減税率の適用対象となり、国税の消費税の税率は6.24％、地方消費税が消費税率換算で1.76％、合計8％の税率となります。

①　消費税の納付税額の計算方法

消費税の納付税額は、売上げにかかる消費税から仕入れ・経費等にかかる消費税を控除し、その残額を納税します。計算方法は、次のとおりとなります（なお、軽減税率の適用部分に関しては下記計算式各項における割合も、7.8％部分については6.24％に変更となりますが、ここでは割愛します）。

【計算式】

(a)　国税の消費税額の計算

［課税売上げにかかる消費税額（課税売上高×110分の7.8）］－［課税仕入れ等にかかる消費税額（課税仕入高×110分の7.8）］＝［消費税額］

(b)　地方消費税の計算

［消費税額（7.8％）］×［22/78］＝［地方消費税額（2.2％）］

(c)　納付税額

［消費税額（7.8％）］＋［地方消費税額（2.2％）］＝［納付税額（10％）］

②　簡易課税制度

上記消費税額の計算のうち、「課税仕入れ等にかかる消費税額」の計算は、極めて煩雑であるため、基準期間の売上高が5000万円以下の事業者は「簡易課税制度」という方法で、課税売上げにかかる消費税額の一定割合を課税仕入れ等にかかる消費税額とみなし、その金額を消費税額から控除することが認められています。

【計算式】

課税売上げにかかる消費税額 （課税売上高×10%）	−	課税売上げにかかる消費税額 × みなし仕入率	＝	消費税額

弁護士の場合、みなし仕入率は、50%です。

簡易課税制度を選択するためには、次の2つの要件を満たしている必要があります。

(a)　その課税期間の基準期間における課税売上高が5000万円以下であること

(b)　適用を受けようとする課税期間の開始の日の前日までに、所轄税務署長に「消費税簡易課税制度選択届出書」を提出していること

③　消費税の申告

消費税の申告には、確定申告と中間申告があります。個人事業者の場合は、課税期間の翌年の3月31日までに、所定の事項を記載した「消費税及び地方消費税の確定申告書」を所轄税務署長に対して提出するとともに、その申告にかかる納付税額を納付しなければなりません。

消費税の課税期間は原則として1年とされますが、中間申告という制度が設けられています。

中間申告は、前年の消費税額が4800万円を超える場合は年11回、400万円を超える場合は年3回、48万円を超え400万円以下の場合には年1回、各中間申告の対象となる期間の末日の翌日から2月以内（4800万円を超える場合は1月から3月分を5月末、4月から11月分を中間申告する期間の末日の翌日から

2月以内）に申告し、前年の消費税額が4800万円を超える場合は直前の課税期間の確定消費税額の12分の1を、400万円を超える場合は直前の課税期間の確定消費税額の4分の1を、48万円を超え400万円以下の場合は直前の課税期間の確定消費税額の2分の1を、それぞれ納税します。前年の消費税額が48万円以下の場合には、中間申告の必要はありません。

(5) 源泉徴収

① 源泉徴収制度とは

源泉徴収制度は、給与や利子・配当・弁護士の報酬等を支払う者（源泉徴収義務者）が、その報酬等を支払う際に、所定の方法により所得税額を計算し、支払金額からその所得税額を差し引いて国に納付する制度のことをいいます(所得税法204条)。

源泉徴収制度により徴収された所得税の額は、報酬等に対する源泉徴収税額については、その納税義務者がその年分の所得税の確定申告をする際に、給与に対する源泉徴収税額については、通常は年末調整という手続を通じて精算されます。

② 源泉徴収の対象となる所得

源泉徴収の対象となる所得には、次のようなものがあります。

・利子（公社債や預貯金の利子、公社債投信の収益の分配等）
・配当（会社などから受ける配当金等）
・給与（給料、賃金、俸給、賞与等）
・退職金（退職手当、一時恩給等）
・報酬・料金（原稿料、講演料、弁護士や税理士の報酬、社会保険診療報酬等）
・特定の割引債の償還差益
・公的年金

弁護士が、源泉徴収義務のある依頼者に報酬を請求する場合には、報酬額から源泉徴収額を差し引いた金額を請求する必要があり、また、事務員の給与を支払う場合には、給与の額から源泉徴収額を差し引いた金額を支払う必要がある、ということになります。

③　源泉徴収義務者

源泉徴収義務者は、次のとおりですので、源泉徴収義務者に対し報酬を請求する場合には、報酬額から源泉徴収額を差し引いて計算をする必要があります。

・法人

・個人（給料の支払をしない個人および常時2人以下の家事使用人のみに対し給与等の支払をする個人を除く）

したがって、たとえば給与所得者である個人から依頼を受けた場合、この者は源泉徴収義務者ではないので、報酬額から源泉徴収額を差し引く必要はありません。

④　源泉徴収額

平成25年1月1日から令和19年12月31日までの間に生ずる所得については、源泉所得税を徴収する際、復興特別所得税を併せて徴収し、源泉所得税の法定納期限までに、その復興特別所得税を源泉所得税と併せて納付しなければならないこととされました。

そこで、以下の税額は、源泉徴収額と復興特別所得税を併せた税額となります。

支払金額（A）	税　額
100万円以下	A×10.21%円
100万円超	（A－100万円）×20.42%＋102,100円

※求めた税額に1円未満の端数があるときは、切り捨てとする。

給与所得に対する源泉徴収額は、国税庁がホームページに源泉徴収額表を掲載しているため、これを参照してください（https://www.nta.go.jp/publication/pamph/gensen/zeigakuhyo2019/data/all.pdf）。

⑤　源泉徴収をした所得税および復興特別所得税の納期限

弁護士が事務所の事務職員の給与の支払や税理士の報酬の支払をする際には源泉徴収しますが、この源泉徴収した税金は次のとおり納付します。

(a)　納期の特例の承認を受けていない場合

給料や報酬などを支払った月の翌月10日

(b)　納期の特例の承認を受けている場合

1月から6月までの分　→　7月10日

7月から12月までの分 →　翌年の1月20日

納期の特例を受けるためには、次の要件を満たす必要があります。

i　給与の支給人員が常時9人以下の源泉徴収義務者であること

ii　給与、退職金、税理士、弁護士、司法書士などの一定の報酬から源泉徴収をした所得税および復興特別所得税であること

iii　「源泉所得税の納期の特例の承認に関する申請書」を、給与等の支払を行う事務所などの所在地を所轄する税務署長に提出すること

iv　税務署長の承認があること（税務署長からiiiの特例申請書の却下の通知がない場合には、この特例申請書を提出した月の翌月末日に承認があったものとみなされます。この場合には、承認を受けた月に源泉徴収する所得税および復興特別所得税から、納期の特例の対象になります）

(6) 経理処理の方法

弁護士が円滑に事務所経営を行っていくうえでは、各種税金の支払を適正に行うため、帳簿類を整理しておく必要があります。

青色申告、白色申告のいずれを行うにしても、入金管理と出金管理を確実に行う必要があり、そのために、次の事項を記録しておく必要があります。

i　収入、預金の引出し・預入れ、預り金の預かり・返戻、立替払と返戻の受け入れ、事業主貸借、経費支出の現金出納事項

ii　収入と経費の内訳

iii　減価償却資産の内訳

iv　その他（役務提供・収支の年月日、相手方の氏名・名称等）

出典：日本弁護士連合会日弁連税制委員会編『五訂版　法律事務所の経理と税務』（新日本法規出版、平成26年）

①　入金管理

弁護士業務において入金を受ける場合には、大きく分けると、①弁護士報酬の入金を受ける場合と、②預かり金として預かる場合とがありますが、これらは明確に区別する必要があります。

ちなみに、日弁連は「預り金等の取扱いに関する規程」を制定し、預かり金を分別管理すること、50万円以上を14営業日以上にわたって預かるときは専用の口座で保管すること、入出金の記録を作成することを義務づけています。また、預かり金口座開設に際しては、口座名義に預かり金口座であることを明示する文字（預かり金、預かり口、預かり金口等）の使用および預かり金口座についての所属弁護士会への届出を義務づけています。

報酬に関しては、給与所得となるもの、事業所得となるもの、雑所得となるものがあり、給与所得の場合には、事業所得と異なり、必要経費を差し引くことができない代わりに所得税法で定めた給与所得控除額を給与等の収入金額から差し引くこととなるなど、取扱いが異なりますので、帳簿に記載する場合にも、どの種類の収入に該当するのかを明らかにしておく必要があります。

他方、預かり金に関しては、所得とはなりませんので、上記のような処理は不要ですが、「預り金等の取扱いに関する規程」に基づき、預かり金を自己の金員とは明確に区別して管理し、事件終了後、速やかに実費等を精算して依頼者に返戻できるよう、個別の事件ごとに入出金の記録を作成しておくことが求められています。

②　出金管理

弁護士業務において出金をする場合には、大きく分けると、①必要経費として出金する場合、②実費として出金する場合とがあります。

弁護士の必要経費として考えられるものは、以下のようなものがあります。なお、研究費と図書費を合わせて図書研究費としたり、通信費と交通費を合わせて通信交通費としたりすることがありますので、分類は固定的なものではありません。

・研究費（弁護士会の研修受講料、法律専門書・法律雑誌などの購入費用等）
・事件費（依頼者に負担を求めない貼用印紙代・予納郵券・各種予納金、記録謄写料等）
・通信費（電話代、インターネット接続料金、業務用郵券代、宅配便などの各種送料等）
・交通費（業務の遂行上利用したタクシー代・ガソリン代等）
・接待交際費（顧問契約先との会食費用、依頼者に対する季節の贈答等）
・広告費（新聞・雑誌等への広告掲載料、ホームページ作成費用等）
・保険料（弁護士賠償責任保険料等）
・水道光熱費（事務所の電気・ガス・上下水道料等）
・消耗品費（事務用品、事務所備品等）
・リース料（コピー機等のリース料等）
・地代家賃（事務所ビルや駐車場の賃料等）
・給料手当（勤務弁護士、事務職員等の給料）
・減価償却費（10万円以上の事務所備品等）
・公租公課（弁護士会費、個人事業税、業務用自動車にかかる自動車税等）

既述のとおり、いずれの項目に該当するものと分類するにしても、業務との関連性のないものは、必要経費として総収入額から控除することは認められませんので、注意する必要があります。

また、実費を依頼者の負担とする場合には、必要経費として計上することはできませんが、事務所経費から支出する場合には、必要経費として計上することとなりますので、この点も区別して管理しておかなければなりません。

(7) 法人税

弁護士が事務所を法人化した場合（弁護士法人）には、所得税に代わるものとして法人税と地方税である法人住民税・法人事業税が課されることとなります。

これらの税金は、税務署（法人税）、都道府県税事務所および市区町村役場（地方税）に、決算書類、勘定科目内訳書、法人税申告書、消費税申告書、地方税申告書、法人事業概況説明書を、法人が定めた事業年度終了の翌日から2か月以内に申告し、納付しなければなりません。

法人化の有無にかかわらず、税金の申告漏れを防ぎ、事務所運営を円滑に行うためには、税理士の助力を得ることが望ましいといえます。

Point

◆事務所経営を始めるにあたっては、どのような税金が課されるのかをよく知り、納税資金の確保などの納税計画を練っておくことが必須である。

◆勤務弁護士であっても、事務所経営にかかる税金を知っておくことは、効率的・合理的な事件処理を進めるうえで有益である。

◆それぞれの税目について、どのように算定し、納付するものであるのかを把握しておく。

［堀川裕美］

第2章

登記の基礎知識

1 登記事項証明書

Section

Scene

新田弁護士は、Aさんから相続について相談を受けた際に、Aさんが持参した相続財産となる土地の登記簿謄本と登記事項証明書を見ましたが、かなり以前から複数の差押えがなされたり、たくさんの抵当権の設定や抹消が繰り返されており、現状どのような権利状態になっているのか、自信をもって説明することができませんでした。

登記事項証明書はどう読めばよいのでしょうか。

(1) 登記事項証明書（登記簿謄本）の申請方法

①　不動産の登記事項証明書

登記事項証明書交付を請求する場合は、請求対象の不動産を管轄する法務局または最寄りの法務局に、必要事項を記載した請求書を提出して申請します。

不動産の登記事項証明書の交付申請用紙は、78頁のとおりです。法務局に備え付けてありますが、郵送による請求のために、予備を事務所に置いておくと便利です。

②　法人の登記事項証明書

法人登記事項証明書交付を請求する場合は、最寄りの法務局に必要事項を記載した請求書を提出して申請します。

法人の登記事項証明書の交付申請用紙は、79頁のとおりです。

③　オンラインを利用した登記情報の取得方法

登記に関する情報は、従前は不動産所在地を管轄する登記所でしか取得できませんでしたが、電子化が進んでからは、全国の登記所（法務局）で取得することができるようになりました。

さらに、現在では、オンラインで不動産や法人の登記事項証明書の交付を申請することができます。これは法務省の運用する「登記ねっと」というウェブサイトを利用するか、このウェブサイトから専用のソフトウェアをダウンロードして、インターネットを経由して申請します。取得費用も登記所で申請するよりも割安ですし（登記所で申請・取得する場合は1通600円（このほかに交通費）、オンラインで申請して郵送してもらう場合は1通500円（郵送費を含んだ金額）、オンラインで申請して窓口で交付を受ける場合は1通480円です）、申請した翌日あたりには郵送で届くので（郵送先の住所地や申請した時間帯にもよります）早く取得できます。何よりも登記所へ行く手間が省けます。取得の費用はインターネットバンキングかATMで決済ができます。

また、登記事項証明書は紙に印刷されたものですが、登記事項の内容をすぐに見たいという場合には登記情報提供サービスが有用です。これは、登記所が保有する登記情報を、インターネットを使用してパソコンの画面上で確認できる有料サービスです。これは公的な証明書としては使えませんが、弁護士が事務所にいながらその場で登記情報を確認したいときには最も早く情報取得できる方法ですし、パソコンの画面を打ち出してこれを裁判所に疎明資料や証拠資料として提出すること自体は可能です。前記のとおり、公的な証明書として使えませんが、訴訟事件の証拠としては証明力の問題となるに過ぎないからです。ただし、同サービス利用のためには、申込手続が必要で、手続完了に1週間程度要すること、利用時間が平日午前8時30分から午後9時までに限られることに注意が必要です。また、支払方法は個人利用の場合、クレジットカード決済のみ、法人登録利用の場合、口座振替のみとなっています。

登記事項証明書（登記簿謄本）の交付申請用紙

不動産用

登記事項証明書
登記簿謄本・抄本　交付申請書

※　太枠の中に記載してください。

		収入印紙欄
	住　所	収入印紙
	フリガナ 氏　名	収入印紙

収入印紙は割印をしないでここに貼ってください。

（登記印紙も使用可能）

※地番・家屋番号は、住居表示番号（〇番〇号）とはちがいますので，注意してください。

種　別 （レ印をつける）	郡・市・区	町・村	丁目・大字・字	地　　番	家屋番号 又は所有者	請求 通数
1 □土地						
2 □建物						
3 □土地						
4 □建物						
5 □土地						
6 □建物						
7 □土地						
8 □建物						
□財団（□目録付） 9 □船舶 □その他						

※共同担保目録が必要なときは，以下にも記載してください。

次の共同担保目録を「種別」欄の番号__________番の物件に付ける。

□現に効力を有するもの　□全部（抹消を含む）□（_）第______号

※該当事項の□にレ印をつけ，所要事項を記載してください。

□ **登記事項証明書・謄本**（土地・建物）
専有部分の登記事項証明書・抄本（マンション名____________________）

□ただし，現に効力を有する部分のみ（抹消された抵当権などを省略）

□ **一部事項証明書・抄本**（次の項目も記載してください。）

共有者________________________に関する部分

□ **所有者事項証明書**（所有者・共有者の住所・氏名・持分のみ）

□ 所有者　□ 共有者________________

□ コンピュータ化に伴う**閉鎖登記簿**

□ 合筆，滅失などによる**閉鎖登記簿・記録**（昭和/平成____年____月____日閉鎖）

交付通数	交付枚数	手　数　料	受付・交付年月日

（乙号・1）

法人の登記事項証明書の交付申請用紙

会社法人用

登記事項証明書
登記簿謄抄本　交付申請書
概要記録事項証明書

※ 太枠の中に書いてください。

		収入印紙欄
窓口に来られた人 （申請人）	住　所 フリガナ 氏　名	
商号・名称 （会社等の名前）		収　入 印　紙
本店・主たる事務所 （会社等の住所）		
会社法人等番号		収　入 印　紙

※　必要なものの□にレ印をつけてください。

請　求　事　項	請求通数
①全部事項証明書（謄本） □　履歴事項証明書　（閉鎖されていない登記事項の証明） □　現在事項証明書　（現在効力がある登記事項の証明） □　閉鎖事項証明書　（閉鎖された登記事項の証明）	通
②一部事項証明書（抄本） □　履歴事項証明書 □　現在事項証明書 □　閉鎖事項証明書 ※商号・名称区及び会社・法人状態区は，どの請求にも表示されます。 ※ 必要な区を選んでください。 □　株式・資本区 □　目的区 □　役員区 □　支配人・代理人区 ※２名以上の支配人・参事等がいる場合で、その一部の者のみを請求するときは、その支配人・参事等の氏名を記載してください。 （氏名　　　　　　　　　） □　その他（　　　　　　　　）	通
③□代表者事項証明書　（代表権のある者の証明） ※2名以上の代表者がいる場合で，その一部の者の証明のみを請求するときは，その代表者の氏名を記載してください。（氏名　　　　　　　　　）	通
④コンピュータ化以前の閉鎖登記簿の謄抄本 □　コンピュータ化に伴う閉鎖登記簿謄本 □　閉鎖謄本（　　　　年　　月　　日閉鎖） □　閉鎖役員欄（　　　　年　　月　　日閉鎖） □　その他（　　　　　　　　　）	通
⑤概要記録事項証明書 □　現在事項証明書（動産譲渡登記事項概要ファイル） □　現在事項証明書（債権譲渡登記事項概要ファイル） □　閉鎖事項証明書（動産譲渡登記事項概要ファイル） □　閉鎖事項証明書（債権譲渡登記事項概要ファイル） ※請求された登記記録がない場合には，記録されている事項がない旨の証明書が発行されます。	通

収入印紙は割印をしないでここに貼ってください。

（登記印紙も使用可能）

交付通数	交付枚数	手数料	受付・交付年月日

（乙号・6）

(2) 不動産の登記事項証明書の読み方

登記事務をコンピュータで処理していない登記所(法務局または地方法務局)では、登記事項を直接登記用紙に記載しており、その用紙を複写し、登記官が証明したものを「登記簿謄本」といいます。他方、登記事務をコンピュータで処理している登記所では、登記事項は磁気ディスクに記録されており、その内容を用紙に印刷し、登記官が証明したものを「登記事項証明書」といいます。名称が異なるだけであって、証明内容は同じですので、ここでは「登記事項証明書等」と称します。

登記事項証明書等は、一筆の土地または一棟の建物ごとに作成され、①表題部、②甲区、③乙区から編成されています（☞82頁）。

①　表題部

表題部には、「土地又は建物の表示に関する事項」が記載されています。不動産が土地の場合には、表題部には主に「不動産番号」「所在」「地番」「地目」「地積」などが記載され、他方、不動産が建物の場合には、表題部には、「不動産番号」「所在」のほかに、「家屋番号」、建物の「種類」「構造」「床面積」「附属建物の表示」などが表記されています。所在は、住民票上の記載と一致しているのが通例ですが、地番は、必ずしも一致していません。法務局には住居表示と地番との整合表が備え付けてありますので、これをもとに地番を探し出します。また、附属建物については、売買契約書等に記載を漏らしてしまいがちですが、漏れたままですと、登記原因証明情報にはなりませんので、注意が必要です。

マンションについては、「建物（専有部分）と土地（敷地）」を一体化処分しなければならないこととされており、①「一棟の建物・敷地権の目的である土地の表示」と、②「専有部分の建物の表示」「敷地権の表示」とが表題部に記載されます。一棟の建物の表題部には、マンションの建物全体の「所在」「建物の名称」（例：「○○マンション」など）「構造」「床面積」などが記載されています。他方、専有部分の建物の表題部には、自己の専有部分の「家屋番号」「建物の名称」（例：「202」（号室）など）「種類」「構造」「床面積」（例：「2階部分　18.25㎡」など）が記載されています。

②　甲区欄

甲区欄には、権利に関する登記のうち、所有権に関する事項が記載されています。たとえば、所有権移転登記、差押えの登記などです。具体的には、「順位番号」「登記の目的」「受付年月日・受付番号」「原因」「権利者その他の事項」が記載されています。

③　乙区欄

乙区欄には、権利に関する登記のうち、所有権以外の権利に関する事項が記載されています。たとえば、抵当権、地役権、賃借権などがこれにあたります。具体的には、「順位番号」「登記の目的」「受付年月日・受付番号」「原因」「権利者その他の事項」が記載されています。

登記事項証明書において下線（アンダーライン）が引かれている情報は、現在効力がないことを意味し、たとえば、順位番号1で「抵当権設定」とあり、下線が引かれ、順位番号2で「1番抵当権抹消」と記載されている場合には、順位番号2に記載された内容の手続によって、1番抵当権が抹消されて効力がなくなったことがわかります。なお、登記簿謄本では、抹消する登記の欄に×印が記載され、附記登記に抹消原因が記載されます。

登記事項証明書例（マンションの場合）

東京都武蔵野市吉祥寺西町○丁目△－××　　全部事項証明書　　（建物）

専有部分の家屋番号	○－×－101　○－×－102　○－×－201～○－×－205 ○－×－301～○－×－305　○－×－401～○－×－405				
表題部（一棟の建物の表示）		調製	平成8年5月23日	所在図番号	余白
所在図番号	余白				
所在	武蔵野市吉祥寺西町○丁目△番地×			余白	
建物の名称	武蔵野○○○○○			余白	
① 種類	② 構造	③ 床面積		㎡	原因及びその日付〔登記の日付〕
共同住宅	鉄筋コンクリート造陸屋根 4階建	1階 2階 3階 4階	70 100 100 100	25 25 25 25	〔平成2年10月18日〕
余白	余白	余白			昭和63年法務省令第37号附則第2条第2項の規定により移記 平成8年5月23日
表題部（敷地権の目的である土地の表示）					
①土地の符号	②所在及び地番	③地目	④地積	㎡	登記の日付
1	武蔵野市吉祥寺西町○丁目△番××	宅地	245	88	平成2年10月18日

表題部（専有部分の建物の表示）				不動産番号	01110111○○○○○
所在図番号	余白				
家屋番号	武蔵野市吉祥寺西町○丁目△番地202			余白	
建物の名称	202			余白	
① 種類	② 構造	③ 床面積		㎡	原因及びその日付〔登記の日付〕
居宅	鉄筋コンクリート造2階建	2階部分	18	25	平成2年4月10日新築 〔平成2年10月18日〕
表題部（敷地権の表示）					
①土地の符号	②敷地権の種類	③敷地権の割合			原因及びその日付〔登記の日付〕
1	所有権	37100分の1825			平成2年10月10日敷地権 〔平成2年10月18日〕
所有者	千代田区有楽町○丁目×番△　ぎょうせいリアルエステート株式会社				

権利部（甲区）（所有権に関する事項）			
順位番号	登記の目的	受付年月日・受付番号	権利者その他の事項
1	所有権保存	平成2年10月10日 第15007号	原因　平成2年10月10日売買 所有者　武蔵野市吉祥寺西町 △丁目×番○号 田中　学

東京都武蔵野市吉祥寺西町○丁目△−××　　　　全部事項証明書（建物）

権利部　（乙区）（所有権以外の権利に関する事項）			
順位番号	登記の目的	受付年月日・受付番号	権利者その他の事項
1	抵当権設定	平成2年10月10日 第23058号	原　因　平成2年10月10日金銭消費貸借 同日設定 債権額　金8000万円 利　息　年6.5％ 損害金　年14％（年365日割計算） 債務者　武蔵野市吉祥寺西町△丁目×番○号 田中　学 抵当権者　杉並区上荻○丁目×番△号 株式会社ぎょうせい銀行(西荻窪支店扱い) 共同担保　目録（も）第1555号 順位1番の登記を移記
2	1番抵当権抹消	平成14年12月26日 第50866号	原因　平成14年12月25日弁済
3	根抵当権設定	平成16年1月10日 第1337号	原　因　平成16年1月10日設定 極度額　金2億5000万円 債権の範囲　銀行取引　手形債権　小切手債権 債務者　武蔵野市吉祥寺西町△丁目×番○号 田中　学 根抵当権者　杉並区上荻○丁目×番△号 株式会社ぎょうせい銀行(西荻窪支店扱い) 共同担保　目録（の）第1050号

これは登記記録に記録されている事項の全部を証明した書面である。
（東京法務局府中支局管轄）

令和2年5月7日　　　　登記官　山　田　太　郎　印

東京法務局

※　下線のあるものは抹消事項であることを示す。　　　整理番号　D123461（2/2）　1/1

Coffee Break

ブルーマップ

裁判所に証拠や疎明資料として不動産登記事項証明書を提出することは頻繁にありますが、そこでは不動産の所在の表示方法として地番が使われていて、住居表示と一致しないことがほとんどです。

たとえば、ある会社を債務者として債権仮差押えの申立てをする場合、保全の必要性を疎明するために当該債務者会社に余剰価値のある不動産がないことを示す必要に迫られることがありますが、「不動産を所有していない」ことを疎明するのは困難です。そこで、当該会社の本店所在地等の不動産登記事項証明書を提出し、当該会社の所有でないことを示すことによりこの疎明資料とすることがあります。当該会社の本店所在は、法人の登記事項証明書に記載がありますがそれは住居表示です。ところが、不動産登記事項証明書の所在地が地番によっていた場合、その登記事項証明書が当該会社の本店所在地のものかどうかがそれだけではわかりません。そのような場合は、地番と住居表示の対応関係を示すものとしてブルーマップを疎明資料として提出することがあります。

ブルーマップとは、住宅地図の上に公図が重ねて表示している地図で、ゼンリン社が発行しています。表示が青くなっているのでブルーマップと呼ばれています。ブルーマップは、東京都と関東近県に関するものは東弁二弁の合同図書館にあります。それ以外の地域の場合は、国会図書館等でコピーをして裁判所に提出します。また、有料ですがインターネットでブルーマップを提供するサービスもあります。

ちなみに、「レッドブック」と呼ばれている本がありますが、これは中古自動車の標準価格を掲載したもので、中古自動車の評価が問題となる裁判案件で書証や疎明資料として提出されることがあります。

（市川　充）

(3) 法人の登記事項証明書の読み方

①　種　類

法人（ここでは株式会社に限定します）の登記事項証明書等には、次のような種類があります。

ア　現在事項全部証明書

現に効力を要する登記事項、会社成立の年月日、取締役、会計参与、監査役、代表取締役、特別取締役、委員、執行役、代表執行役および会計監査人の就任の年月日ならびに会社の商号および本店の登記の変更にかかる事項で現に効力を有するものの直前のものが証明されます。会社の現況を知りたいときは、これを申請します。

イ　現在事項一部証明書

上記アに記載した証明事項のうち、申請人が指定した区（たとえば、目的区、役員区など）にかかる事項のみが証明されます（ただし、商号区（商号、本店の所在場所、公告方法、会社の成立年月日等）および会社状態区（解散事由、取締役設置会社である旨、解散、破産等に関する事項等）については、指定の有無にかかわらず証明されます)。

指定した区について、さらにその一部のみの証明を求めることはできませんが、支配人・代理人区については、申請人が一部の支配人・参事等の証明を求めたときは、指定された支配人等のみが証明されます。

ウ　履歴事項全部証明書

上記アに記載した証明事項のほか、証明書の交付の請求日の3年前の日の属する年の1月1日から請求日までの間に抹消された事項や、その間に登記された事項で現に効力を有しなくなったものが証明されます。役員や目的の変動を知りたいときには、これを申請します。

エ　履歴事項一部証明書

上記ウの証明事項のうち、申請人が指定した区にかかる事項のみが証明されます（ただし、商号区、会社状態区については指定の有無にかかわらず証明されます)。

オ　閉鎖事項全部証明書または閉鎖事項一部証明書

清算結了、本店移転等により閉鎖された登記に記録されている事項の全部（一部)

が証明されます。閉鎖された登記記録は、20年保存されることとなっています。

ただし、ここから判明する情報は、コンピュータへ移行された後に抹消された事項に限られ、それ以前の情報を知りたいときは、「閉鎖登記簿謄本」を取得する必要があります。

カ　代表者事項証明書

会社の代表者の代表権に関する登記事項で現に効力を有するものが証明されます。代表者が複数いる場合には、申請人が指定すれば、指定された代表者に関する事項のみが証明されます。訴状等の付属書類としての「資格証明書」は、この代表者事項証明書を添付すれば足ります（ただし、一般的には、現在事項全部証明書が添付されることが多いようです）。

②　読み方

ア　登記事項の種類

会社が登記しなければならない事項には、次のようなものがあります。

【商業区】
◎　商号
・　商号譲渡人の債務に関する免責
◎　本店
◎　公告をする方法
・　貸借対照表にかかる情報の提供を受けるために必要な事項
◎　会社成立年月日
【目的区　株式・資本区】
◎　目的
◎　発行可能株式総数
◎　発行済株式の総数ならびにその種類および種類ごとの数
◎　資本金の額
・　発行する株式の内容
・　発行可能種類株式総数および発行する各種類の株式の内容
・　単元株式数

◎　株券発行会社であるときはその旨
・　株主名簿管理人の氏名または名称および住所ならびに営業所
◎　その他株式または資本金に関する事項（譲渡制限）

【役員区】

・　取締役（特別取締役を含む）および代表取締役
・　会計参与および計算書類等の備置き場所
・　監査役
・　会計監査人
・　委員
・　執行役および代表執行役
・　取締役が社外取締役である旨
・　監査役が社外監査役である旨
・　清算人
・　その他役員に関する事項（役員責任区に記載すべきものを除く）

【役員責任区】

・　取締役等の役員の会社に対する責任の免除に関する規定
・　社外取締役等の会社に対する責任の制限に関する規定

【支店区】

・　支店の所在場所

【新株予約権区】

・　新株予約権に関する事項

【会社履歴区】

・　会社の継続
・　合併をした旨ならびに吸収合併消滅会社の商号および本店
・　分割をした旨ならびに吸収分割会社の商号および本店
・　分割をした旨ならびに吸収分割承継会社または新設分割設立会社の商号および本店

【会社状態区】

・　存立時期の定め
・　解散事由の定め
◎　取締役会設置会社である旨

・　会計参与設置会社である旨
◎　監査役設置会社である旨
・　監査役会設置会社である旨
・　特別取締役による議決の定めがある旨
・　委員会設置会社である旨
・　会計監査人設置会社である旨
・　清算人設置会社である旨
・　解散（登記記録区に記録すべき事項は除く）
・　特別清算に関する事項（役員区および登記記録区に記録すべき事項は除く）
・　民事再生に関する事項（他の区に記録すべきものを除く）
・　会社更生に関する事項（他の区に記録すべきものを除く）
・　破産に関する事項（役員区および登記記録区に記録すべき事項は除く）

【登記記録区】

・　登記記録を起こした事由および年月日（設立、新設合併・組織変更等による設立）
・　登記記録を閉鎖した事由および年月日
・　登記記録を復活した事項および年月日

上記のうち、一般的な登記事項証明書においては、◎を付した事項が記載されることが多いと認められます。

イ　登記事項証明書の読み方

実際によく見かける履歴事項全部証明書にもとづいて、その読み方を確認しましょう。

㋐　商　号

「株式会社ぎょうせい不動産」という記載の下に下線（アンダーライン）が引かれ、その下に、「株式会社ぎょうせいコーポレーション」と記載され、右端に、「平成30年6月25日変更」「平成30年6月27日登記」と記載されています。

これは、平成30年6月25日に、株式会社ぎょうせい不動産という商号（会社名）が、株式会社ぎょうせいコーポレーションという商号に変更された、ということを意味します。

このように、履歴事項証明書には、変更があった事項に関しては、下線が引

履歴事項全部証明書例

東京都千代田区神田神保町一丁目○番○号
株式会社ぎょうせいコーポレーション
会社法人番号0123-01-12345

商　号　※(ア)	株式会社ぎょうせい不動産	
	株式会社ぎょうせいコーポレーション	平成30年6月25日変更 平成30年6月27日登記
本　店　※(イ)	東京都港区赤坂一丁目２番３号	
	東京都千代田区神田神保町一丁目○番○号	平成30年6月25日変更 平成30年6月27日登記
公告をする方法	官報に掲載してする	
会社成立の年月日	平成18年3月25日	
目　的	1　不動産の売買、仲介、斡旋、賃貸及び管理 2　不動産鑑定業及び不動産に関するコンサルティング 3　オフィスビル、マンション、アパート等不動産の管理、賃貸、売買、仲介並びにコンサルティング 4　前各号に附帯する一切の業務	
発行可能株式総数	800株	
発行済株式の総数並びに種類及び数	発行済株式の総数 200株	
株券を発行する旨の定め　※(ウ)	当会社の株式については、株券を発行する	平成17年法律第87号第136条の規定により平成18年5月1日登記
資本金の額	金1000万円	
株式の譲渡制限に関する規定	当会社の株式を譲渡するには、取締役会の承認を受けなければならない	
役員に関する事項※(エ)	取締役　山田春夫	平成30年6月25日重任 平成30年6月27日登記 令和元年10月6日死亡 令和元年12月5日登記

整理番号　ノ123456　　＊　下線のあるものは抹消事項であることを示す。1/3

東京都千代田区神田神保町一丁目○番○号
株式会社ぎょうせいコーポレーション
会社法人番号0123-01-12345

	取締役　　　山　田　夏　人	平成30年6月25日重任 平成30年6月27日登記
		令和元年9月25日死亡 令和元年12月5日登記
	取締役　　　山　田　秋　彦	平成30年6月25日重任 平成30年6月27日登記
		令和元年1月12日死亡 令和元年1月14日登記
	取締役　　　山　田　冬　児	令和元年1月12日就任 令和元年1月14日登記
	取締役　　　山　田　花　子	令和元年12月1日就任 令和元年12月5日登記
	取締役　　　高　橋　一　郎	令和元年12月1日就任 令和元年12月5日登記
	東京都墨田区錦糸一丁目2番3号501号 代表取締役　山　田　春　夫	平成30年6月25日重任 平成30年6月27日登記
		令和元年1月12日辞任 令和元年1月14日登記
	東京都台東区浅草橋3丁目2番1号401号 代表取締役　山　田　夏　人	令和元年1月12日就任 令和元年1月14日登記
		令和元年9月25日死亡 令和元年12月5日登記

整理番号　ノ123456　＊　下線のあるものは抹消事項であることを示す。　2/3

東京都千代田区神田神保町一丁目○番○号
株式会社ぎょうせいコーポレーション
会社法人番号0123-01-12345

	東京都台東区浅草橋１丁目２番３号 代表取締役　山　田　冬　児	令和元年10月１日就任 令和元年12月５日登記
	監査役　　　山　田　春　子	平成30年６月25日重任 平成30年６月27日登記
取締役会設置会社に関する事項	取締役会設置会社	平成17年法律第87号第136条の規定により平成18年５月１日登記
監査役設置会社に関する事項	監査役設置会社	平成17年法律第87号第136条の規定により平成18年５月１日登記
登記記録に関する事項　※(オ)	平成30年６月25日東京都港区赤坂一丁目２番３号から本店移転	令和元年６月27日登記

これは登記簿に記載されている閉鎖されていない事項の全部であることを証明した書面である。

令和２年３月23日

東京法務局
登記官　　　　　　　　○　○　　○　印

整理番号　ノ123456　＊　下線のあるものは抹消事項であることを示す。　3/3

かれることとなります。

(イ)　本　店

上記と同様に、港区赤坂の住所に下線が引かれ、千代田区神田神保町の住所が記載されていますので、平成30年6月25日に、商号の変更と同時に会社本店所在地も移転し、その旨が平成30年6月27日に登記されたということを意味しています。

会社の本店所在地が移転すると、登記データを保管する法務局も移転することとなります。そこで、この会社の港区の登記簿は、平成30年6月27日に閉鎖され、東京法務局（本局）に新しい登記簿が作成されることとなります。すると、この会社の場合、平成30年6月27日以前の登記事項の変更の経緯を知るためには、閉鎖事項証明書を取得する必要がある、ということになります。

(ウ)　株券を発行する旨の定め

株券を発行しない会社については、この欄はありません。株券を発行する会社にのみこの記載が設けられています。

「平成17年法律第87号」は、「会社法の施行に伴う関係法律の整備等に関する法律」（以下「整備法」といいます）を意味します。整備法には、会社法の施行に伴い記載ないし変更する必要が生じた事項について、職権で登記が行われることが規定されており、同規定にもとづき記載ないし変更された事項については、「平成17年法律第87号第136号の規定により平成18年5月1日登記」と付記されています。平成18年5月1日以前からある既存の株式会社は、株券の発行が原則の商法のもと設立した会社であるため、株券不発行の定めを登記していない限り、登記所の職権で「株券を発行する旨の定め」が登記されているのです。

(エ)　役員に関する事項

(ア)と同様、下線が引かれているところには、変更が生じています。役員とは、「取締役」「監査役」「会計参与」をいい、証明書から、この会社には取締役が3名と監査役が設置されていることがわかります。また、取締役会設置会社に関する事項の欄に「取締役会設置会社」とありますので、この取締役3人が取締役会を構成していることが読みとれます。

「重任」とは、任期が満了して退任すると同時に、再度選任されて役員に就任することをいいます。したがって、この会社では、本店が移転する平成30年6月25日以前も、山田春夫さんが取締役兼代表取締役であったことがわかります。

任期が満了した場合には「退任」、任期満了前に自ら取締役を退いたときは「辞任」、株主総会決議により取締役を退くこととなった場合には「解任」と記載されますので、取締役の変更がどのような原因により生じたかを、証明書の記載から知ることができます。

㈹　登記記録に関する事項

登記記録に関する事項の欄には、登記記録の創設、閉鎖、復活の事由、組織変更および年月日等が記載されます。具体的には、「設立」「本店移転」「組織変更し解散・設立」「合併による設立」「合併による解散」「分割による設立年月日」「清算結了」などの事項が記載されることとなります。

㈠で確認したとおり、この会社は、平成30年6月25日に港区赤坂から千代田区神田神保町へ本店を移転していますので、その旨が記載されています。

Point

◆登記事項証明書において、下線が引かれている情報は、その後に変更があり、現在では効力がないことを示している。

◆不動産登記事項証明書では、表題部に不動産を特定する情報が、甲区欄に所有権に関する情報が、乙区欄に所有権以外の権利に関する情報が、それぞれ記載されている。

◆法人の登記事項証明書には、商号、本店所在地、公告方法、会社成立日、目的、発行可能株式総数と発行済株式総数、株券発行の定め、資本金の額、株式譲渡制限、役員、取締役会設置会社、監査役設置会社などの情報が記載されている。

［堀川裕美］

Coffee Break

会社法と整備法

会社法は平成18年5月に施行されましたが、それまで会社は旧商法の規定にもとづいて存立していたことから、旧商法と会社法の関係等の調整のため、整備法（会社法の施行に伴う関係法律の整備等に関する法律（平成17年法律第87号））が施行されました。とかく、会社法だけに目がいきがちですが、整備法も実務のうえでは極めて重要です。

たとえば、会社法では取締役会や監査役を設置しない株式会社が新たに認められるようになったため、取締役会や監査役を設置するかどうかは定款で定め、これを登記する必要が生じます。ところが、これを全ての会社に強いることになると混乱が生じることから、整備法においてこの点の手当をしました。すなわち、当時の整備法76条2項で株式会社（委員会設置会社を除く）には取締役会と監査役を置く旨の定款の規定があるものとみなすと規定され、職権でその旨の登記がなされました。91頁の登記の例で「取締役会設置会社」「監査役設置会社」との登記が整備法によりなされているというのはこれを指します。

他方で、整備法53条は小会社（資本金1億円以下であり、かつ貸借対照表上の負債総額が200億円未満の会社）で、非公開会社については、監査役の権限を会計監査に限定する定款の定めがあるとみなすと規定しました。会社法で監査役設置会社とは、その権限が業務監査に及ぶ監査役を置く会社のことを指すので（2条9号）、会計監査に限定する監査役の場合は監査役設置会社ではありません。

ところが、整備法53条により非公開会社の小会社は監査役設置会社ではないものとみなされたものの、登記のうえでは整備法76条2項の規定がいわば優先的に適用され、このような会社でも職権で「監査役設置会社」の登記がなされてしまいました。したがって、「監査役設置会社」との登記がなされている会社であっても、監査役の権限が業務監査に及んでいるとは限らず、これについては個別に確認しなければなりませんでした（会社法911条3項17号）。

このようなことから、平成27年5月1日施行の改正会社法では、監査役の監査（権限）の範囲を会計監査に限定する場合はその旨を登記しなければならないとされました。この登記は平成27年5月1日以降にはじめてする監査役の就任ないし退任登記のときにあわせてすればよいとされています。　　（市川　充）

2 所有権移転登記

Section

Scene

新田弁護士は初めて破産管財人に選任され、破産会社A社所有の不動産を任意売却することとなりました。いよいよ決済の前日になって、再度、所有権移転登記に必要な書類を確認したところ、当該不動産の破産者A社の登記識別情報・登記済証が見当たりません。決済について日延べをすることもできず、新田弁護士は、真っ青になりました。

意を決して買主側の司法書士に連絡したところ、「破産者の場合の登記申請書には、任意売却についての裁判所の許可書、裁判所発行の破産管財人の資格証明書と印鑑証明書、破産者（法人）の登記事項証明書があれば足り、当該不動産の破産者の登記識別情報や登記済証の添付は不要ですよ」と言われてしまいました。新田弁護士は、一瞬ほっとしましたが、やがて調べもせずに電話をしてしまった自分がいやになってきました。

所有権移転登記の必要書類はどうなっているのでしょうか。

（1）登記必要書類

わが国では、不動産登記について、審査の対象となる事項が登記申請手続に関する法定の要件に適合しているか否かを、申請書類および登記簿を資料として登記官が書面上審査を行うものとする、いわゆる形式的審査主義を採用しています。そして、申請書類に不備があれば、補正が求められ、それが直ちにできなければ、申請の取下げが求められてしまいます。

したがって、登記申請の際には、必要書類が全てそろっているか、書類の形式面に不備がないかを十分に注意する必要があり、弁護士としても、登記のための必要書類が何かを十分に意識して各種契約書の作成を進めていく必要があるわけです。

そこで、ここでは、最も一般的な所有権移転登記のために必要な書類と注意点を確認しましょう。

①　必要書類

所有権移転登記に必要な書類は、次のとおりです。

- 登記済証または登記識別情報
- 登記原因証明情報
- 印鑑登録証明書
- 資格証明書（法人の場合)、住民票（登記権利者が個人の場合)
- 代理権限証書（代理人によって登記を申請する場合)
- 固定資産評価証明書

②　各書類に関する注意点

ア　登記済証または登記識別情報

登記済証とは、一般に「権利書」、「権利証」といわれるものです。旧不動産登記法においては、登記官は、登記が完了したときは、その登記原因証書または登記申請書副本に「登記済」の印版を押し、受付年月日・受付番号、順位番号、登記済の旨を記載し登記所の印を押捺したうえ、これを登記権利者に還付するとされており（旧不動産登記法60条1項)、この還付される書面が登記済証と称されるものです。

この登記済証は、不動産登記法の改正により、平成17年3月7日をもってオンライン庁による「登記識別情報」（12桁の符号）に切り替わりました。登記識別情報とは、登記の申請がされた場合に、当該登記により登記名義人となる申請人に対し、その登記にかかる物件および登記の内容とともに登記所から通知される情報をいいます。登記識別情報は、アラビア数字その他の符号の組合せからなる12桁の符号で、不動産および登記名義人となった申請人ごとに定められます。

登記識別情報の例

1	A	2	—	B	C	D	—	E	3	F	—	G	H	I

登記済証、登記識別情報は、ともに本人確認手段の一つであり、登記名義人本人による申請であることを登記官が確認するため、登記所に提供する必要がある書面です。

登記済証、登記識別情報を紛失してしまった場合には、一般的な本人確認手段としての印鑑（実印）および印鑑証明書または電子署名および電子証明書に加え、登記官の「事前通知」という手段（登記記録上の登記名義人の住所地に宛てて、登記の申請があった旨およびその申請が真実であると考えるときは2週間以内にその旨の申出をすべき旨の通知であり、間違いがない旨の申出があったときに、本人からの申請であるとして、登記の処理をする制度）により、本人確認手続が行われることとなります。ただし、登記申請の代理人となれる資格を有する者（弁護士、司法書士など）によって登記申請がなされ、その資格者代理人が売主を運転免許証などにより本人であると確認した情報（本人確認情報）を法務局に提出した場合、または、公証人が当該申請人が売主本人であると認証し、登記官がこれらを相当と認めた場合には、登記官の事前通知をしなくともよいとされています。登記済証または登記識別情報を紛失するケースは、往々にしてありますので、この便法は覚えておくと便利です。

イ　登記原因証明情報

登記原因となった事実または法律行為およびこれに基づき権利変動が生じたことを証する情報（不動産登記法61条、不動産登記令7条1項5号ロ）のことをいいます。所有権の移転登記の場合、所有権の移転には、売買や贈与など特定承継による移転と相続や合併など包括承継による移転とがありますので、これらの移転があった事実を証する書面を添付する必要があります。たとえば、売買契約の場合は、売買契約書がこれに該当し、相続の場合には、被相続人の除籍謄本、相続人の戸籍謄本等の公的書類、遺産分割協議書などがこれに該当します。ただし、売買契約書等そのものを提出せず、売買契約の成立・代金支払い・これによる所有権の移転の事実を報告する文書を、登記原因証明情報として、新たに作成して提供することも認められており、実務上は登記申請の際は、このような報告形式による登記原因証明情報を作成して提出する方法の方が一般的です。

なお、登記原因証明情報は、登記義務者（売買契約の場合、売主）の署名押印が必要ですが、署名押印に代えて、電子署名でも可とされています。

このような、登記申請の際の添付情報として提供するPDFファイルに電子署名を付与する際の留意事項は、法務局のホームページで確認するようにしてください（https://www.touki-kyoutaku-online.moj.go.jp/cautions/append/sign_pdf.html）。

ウ　印鑑登録証明書

登記義務者の印鑑登録証明書を添付します。なお、印鑑登録証明書は、作成後3か月以内のものを添付する必要があります（不動産登記令16条）。

エ　資格証明書

登記権利者または登記義務者が法人の場合は、当該法人の代表者の資格を証する書面（登記事項証明書または代表者事項証明書）を添付します。なお、資格証明書も、作成後3か月以内のものを添付しなければなりません（不動産登記令7条1項1号、17条）。

申請人が個人の場合は、所有権者または登記権利者は、申請書に記載した住所を証するため住民票の写しなどを提出しなければなりません。

オ　代理権限証書

登記申請を司法書士等に委任した場合には、代理権を証明する書類（＝委任状）を添付します（不動産登記令18条）。なお、弁護士は、弁護士法3条の職務として、登記申請行為ができるとされています（東京高判平成7・11・29判時1557号52頁）。

カ　固定資産評価証明書

登録免許税の課税標準額は、固定資産評価額となりますので、これを確認するため、固定資産評価証明書を添付します。固定資産評価証明書は、東京都であれば各都税事務所、市町村であれば各市町村役場固定資産税課に申請します。

なお、居住用不動産の取得に関しては、所有権保存登記、所有権移転登記、抵当権設定登記にあたり登録免許税の軽減措置が設けられています(☞39頁)。この場合、市町村の発行する住宅用家屋証明書も同軽減措置の適用を受けるために必要となります。

③　破産管財人による不動産売却

破産管財人が破産財団に属する不動産を売却する場合は、裁判所の許可書、裁判所発行の破産管財人の資格証明書、法人破産の場合は法人の資格証明書を登記申請書に添付しますが、登記済証または登記識別情報の添付は不要です。

(2)　不動産売買契約書の書き方

不動産売買契約書は、所有権移転登記の際に必要な登記原因証明情報となる書類ですので、後で改めて登記原因証明情報を作るような二度手間がかからないよう、登記法上必要な事項を定めておく必要があります。

特に、登記をするためには、所有権が移転した事実が明らかになっている必要がありますので、所有権移転時期をいつとするのか（売買契約成立時か、代金支払時か、条件成就時かなど）を明記しておく必要があります。一般的には、売買代金全額の支払時とされています。

また、所有権移転登記に要する費用の負担を誰がするか、所有権移転登記に必要な書類をいつ交付しなければならないかという事項も登記手続を行ううえで重要になりますので、明確に定めておくべきでしょう。一般的には、移転登記費用は、買主の負担とされ、登記必要書類は売買代金全額の支払と引換えに交付するとされています。

(3)　司法書士との協働

不動産に関する物権の得喪変更については、民法177条の規定により登記をしなければ第三者に対抗できないとされているため、登記が非常に重要な意味を有しており、依頼者のために失敗するわけにはいきませんし、迅速な手続を行う必要があります。

しかし、登記をするために必要な書類の準備や、実際の登記手続には相当の知識と労力を有するため、司法書士に協力を求めることが必要となります。弁護士は、離婚事件や相続事件、破産管財事件など、日常的に取り扱う業務において、不動産に関する権利の得喪変更にかかわることとなるため、依頼者のために、特定の司法書士（複数でも可）とすぐに連絡を取り合い協力を求めることができるような関係を築いておくことが理想的であるといえるでしょう。

Point

◆所有権移転登記に必要な書類が何かをしっかりと認識しておかないと、裁判上はもちろん、裁判外でも間違いを起こしやすい。
◆登記官は厳格な形式要件の審査をするので、登記に必要な書類が全てそろっているかを慎重にチェックする必要がある。
◆登記済権利証が登記識別情報に代わったが、この登記識別情報を紛失したときは、登記官による事前通知制度、または、資格者代理人による本人確認制度による。
◆登記原因証明情報は、所有権移転の原因によって異なる。
◆登録免許税の額は、固定資産税評価額によって決まる。
◆登録免許税の減税措置を受けるための住宅用家屋証明書の取得の可否も検討する。
◆難しい登記については、リスクをヘッジするためにも、司法書士と協働するようにするべきである。

［堀川裕美］

Coffee Break

地面師

東京都内の一等地の地主になりすまして売買代金をだまし取る「地面師」のグループがしばしばマスコミを賑わしています。この地面師たちは、土地所有者の替え玉を用意しますが、登記識別情報（登記済権利証）を所持していませんから、不動産登記法23条4項1号に規定する本人確認情報提供がほとんど必須アイテムとなります。これを獲得するため、登記申請権限を持つ弁護士に魔の手が伸びます。

地面師は、高等な詐欺テクニックを駆使しますから、替え玉も土地所有者本人と疑われないような特訓をしているのでしょう。立派な身なりの替え玉から「先生、よろしくお願いします」等と猫なで声で懇願されると、本人確認も緩やかになりがちです。そこに、スーツ姿の不動産業者と称する人等から、「先生、この売主は、権利証を紛失して困っていますので、助けてくれませんか。先生が売買契約締結現場に立ち会っていただいたうえ、本人確認情報提供書に押印していただければよいだけです。謝礼は、弾みます」等とたたみかけられると、お人好しの弁護士はコロッと騙されます。

「私は、そんなお人好しではない！」と一笑に付すのが通例でしょうが、実は、地面師に騙された人が土地売買に関与した弁護士を弁護過誤で訴えて勝訴した裁判例が私の知る限り4件（東京地判平成7・11・9判タ921号272頁、東京地判平成28・11・29判時2343号78頁、東京高判平成30・9・19判時2392号11頁、東京高判平成30・9・19判時2393・2394号36頁）もあります。和解で解決した例を含めると、もっとあるのではないかと思います。大手住宅会社が地面師の餌食となった東京都品川区西五反田の巨額詐欺事件では、弁護士の名前は出てきませんが、ひょっとしたら、全財産をはたいて賠償しているかもしれません。

（髙中正彦）

3 抵当権設定登記・抹消登記

Section

Scene

新田弁護士は、依頼者Aさんから、取引先に貸付をするのでその保全方法を教えてほしいと相談されました。そこで、取引先が所有する不動産に抵当権を設定することをアドバイスし、契約書作成から登記までの一連の手続の依頼を受けることになりました。新田弁護士は、金銭消費貸借契約、抵当権設定契約を締結し、抵当権設定に必要な書類を受領するのと引換えに、Aさんが1000万円を貸し渡すのに立ち会い、その足で登記のために法務局に行ったのですが、物件目録に誤記があるので登記ができないと突き返されてしまいました。

抵当権設定登記とその抹消登記に必要な書類はどうなっているのでしょうか。

(1) 必要書類

弁護士が不動産登記にかかわることが多い場合の一つとして、債権を保全するために抵当権を設定したり、債務返済に伴って抵当権の抹消登記をする場面がありますので、抵当権設定・抹消登記のために必要な書類と同書類に関する留意点を確認しましょう。

(a)　抵当権設定登記に必要な書類

- 登記済証または登記識別情報（設定対象の不動産のもの）
- 登記原因証明情報
- 印鑑登録証明書（抵当権設定者のもの）
- 資格証明書（法人の場合）
- 代理権限証書（委任した代理人によって登記を申請する場合）

(b) 抵当権抹消登記に必要な書類

- 登記済証または登記識別情報（抵当権設定登記のもの）
- 登記原因証明情報
- 資格証明書（法人の場合）
- 代理権限証書

(2) 各書類に関する注意点

① 登記原因証明情報

登記原因となった事実または法律行為およびこれに基づき権利変動が生じたことを証する情報（不動産登記法61条、不動産登記令7条1項5号ロ）のことをいいます。

・抵当権設定登記の場合

→ 抵当権設定契約書

・抵当権抹消登記の場合

→ 被担保債権の弁済証書等の被担保債権の消滅を確認することができる既存文書等

上記契約書や既存文書がない場合には、報告形式の登記原因証明情報を作成する必要があります。

② 印鑑登録証明書

抵当権設定登記の場合には、登記義務者である抵当権設定者の印鑑登録証明書を添付します。なお、印鑑証明書は、作成後3か月以内のものを添付する必要があります（不動産登記令16条)。登記権利者である抵当権者については、不要です。

③ 資格証明書

申請人が法人の場合は当該法人の代表者の資格を証する書面（登記事項証明書または代表者事項証明書）を添付します。なお、資格証明書も、作成後3か月以内のものを添付しなければなりません（不動産登記令7条1項1号、17条）。

④　代理権限証書

設定登記であれ抹消登記であれその申請を第三者に委任した場合には、代理権を証明する書類（＝委任状）を添付します（不動産登記令18条）。

⑤　登記識別情報

抵当権設定登記の抹消登記手続をするには、登記識別情報（設定登記完了時に登記官から通知されます）または登記済証を添付する必要があります。

(3) 抵当権設定契約書の書き方

抵当権設定契約書は、抵当権設定登記の際に必要な登記原因証明情報となる書類ですので、後で改めて登記原因証明情報を作るような二度手間がかからないよう、登記法上必要な事項を抵当権設定契約書において定めておく必要があります。

必要的記載事項としては、被担保債権が成立し、それを特定すること、抵当権を設定することについての合意が成立していること、抵当権の設定の対象となる物件を特定することです。

抵当権設定契約書　書式例

抵当権設定契約書

抵当権者○○○○（以下「甲」という。）と抵当権設定者△△△△（以下「乙」という。）とは、次のとおり抵当権設定契約を締結した。

（被担保債権の成立）

第1条　甲と乙は、本日、下記内容の金銭消費貸借契約を締結し、同日、同契約に基づき、甲は、乙に対し、金銭を貸し渡した。

(1) 貸付金額　　金○○○○円

(2) 利息　　年○○％

(3) 損害金　　年○○％

(4) 返済日　　令和○年○月○日

（抵当権の設定）

第2条　乙は、前条の債務の担保として、別紙物件目録1および2記載の不動産に順位△番の抵当権を設定した。

2　乙は、甲のために直ちに必要な抵当権設定登記を完了する。登記費用は乙の負担とする。

（増担保）

第3条　抵当物件が損傷しまたは著しく減価したときは、甲は、乙に対し、増担保または代担保の提供を請求することができる。

（契約費用）

第4条　本契約の締結に要する費用は、乙の負担とする。

（合意管轄）

第5条　甲と乙は、本契約に関して紛争が生じたときは、その第一審の管轄裁判所を○○裁判所とすることを合意した。

本契約の成立を証するため、本書2通を作成し、甲・乙記名押印のうえ、各1通を所持する。

令和△年○月○日

（住所）

（甲）

（住所）

（乙）

(別紙)

物件目録

1	不動産番号	□□□□□□□□□□
	所　　　在	○○区○○町○丁目
	地　　　番	△△番
	地　　　目	宅地
	地　　　積	××．××平方メートル
2	不動産番号	□□□□□□□□□□
	所　　　在	○○区○○町○丁目△△番地
	家屋番号	◇◇番
	種　　　類	居宅
	構　　　造	木造瓦葺2階建
	床　面　積	1階　　××．××平方メートル
		2階　　××．××平方メートル

(4) 根抵当権の元本確定登記

根抵当権が実体法上元本確定していたとしても、不動産登記簿上は、元本確定登記がなされていなければ、債権譲渡に伴う根抵当権の移転登記ができません。ところが、不動産登記法上、共同申請の原則（60条）があるため、根抵当権設定者の協力が得られなければ、元本確定のために、裁判手続が必要となるという不都合が生じてしまいます。

そこで、不動産登記法93条は、次の事由により元本が確定した場合に、元本確定登記を当該根抵当権の登記名義人が単独で申請することを認めています。

①　根抵当権者が元本確定請求をしたとき

②　根抵当権者が抵当不動産に対する競売手続の開始または滞納処分による差押えがあったことを知った時から2週間を経過したとき

③　債務者または根抵当権設定者が破産手続開始の決定を受けたとき

ただし、上記②③の事由により根抵当権の担保すべき元本が確定した場合における申請は、たとえば、根抵当権移転登記のような、この根抵当権またはこれを目的とする権利取得の登記と同時でなければすることができませんので、注意する必要があります（93条ただし書）。

弁護士が実務上よく遭遇するケースとして、信用保証協会が根抵当権の設定された債権について代位弁済を行って根抵当権の移転を受ける場合に、代位弁済前に、原債権者である金融機関等に対して、あらかじめ元本確定登記手続を終了させていることを要求していることがあげられます。金融機関等は、①の元本確定請求を行い（配達証明付内容証明郵便の債務者への送付）、元本確定登記を完了させたうえで、確定登記後の不動産登記簿事項証明書を信用保証協会に提出して信用保証協会に対して代位弁済を請求することにしています。

Point

◆抵当権設定登記やその抹消登記は、金銭消費貸借契約に伴ってなされることが大半であり、これを間違えると、大きな損害に発展することがある。

◆所有権移転登記と同様、登記必要書類が全てそろっているかを慎重にチェックする。

◆登記事項と抵当権設定契約書とが符合するように点検をしておく。

◆根抵当権移転登記をする場合には、根抵当権移転登記よりも前に、根抵当権の元本を確定させたうえで元本確定登記をすることになる。

［堀川裕美］

4 相続登記

Section

Scene

新田弁護士は、依頼者Aさんから、既に死亡後30年以上経過しているAさんの父の相続に関する手続の相談をされました。残っているのは不動産の相続登記のみで、Aさんによれば、相続人は自分と関係も良好な兄弟2名のみであると聞かされました。そこで、新田弁護士は、簡単な手続であると考えて報酬を決め、依頼を受けました。ところが、父親の戸籍をたどってみると、被相続人には、Aさんの母とは異なる前妻がおり、その間に子がいることが判明し、居住調査などに大変な費用と労力がかかることになってしまいました。

相続登記はどのように進めるのでしょうか。

(1) 相続登記手続とは

話し合いによる遺産分割協議が調ったとき、遺産分割の調停が成立したとき、遺産分割の審判が確定したときなど、実体法上遺産分割手続が完了した場合には、この実体法上の権利義務関係にもとづく登記、登録、名義変更を行い、対外的にも実体法上の権利義務関係を明確にしておくことになります。

ここでは、相続に関する登記の基本的注意事項を確認していきます。

なお、登記済証、登記識別情報の読み方や、登記原因証明情報などの一般的な説明については、「2　所有権移転登記」（☞95頁）を参照してください。

(2) 相続登記に一般的に必要な書類

相続にかかわる登記をする際に、共通する必要書類は、次のとおりです。

- ・登記申請書
- ・被相続人が生まれてから死亡するまでの戸籍謄本
  現在の戸籍→戸籍全部事項証明書／市町村により戸籍謄本・除籍謄本・改製原戸籍　(詳細は第3章を参照)
- ・被相続人の住民票の除票（本籍地の記載のあるもの）
  ※不動産登記上の住所と死亡時の住所が異なる場合には戸籍の附票等の住所の変遷がわかる書類も必要です。
- ・相続人全員の戸籍謄本（現在の戸籍）
- ・遺産を取得する相続人の住民票の写し
- ・遺産の固定資産評価証明書

このほか、戸籍謄本類の原本還付を受けるため、相続関係図を添付することがあります。

相続関係図の例

被相続人　　甲野　A男

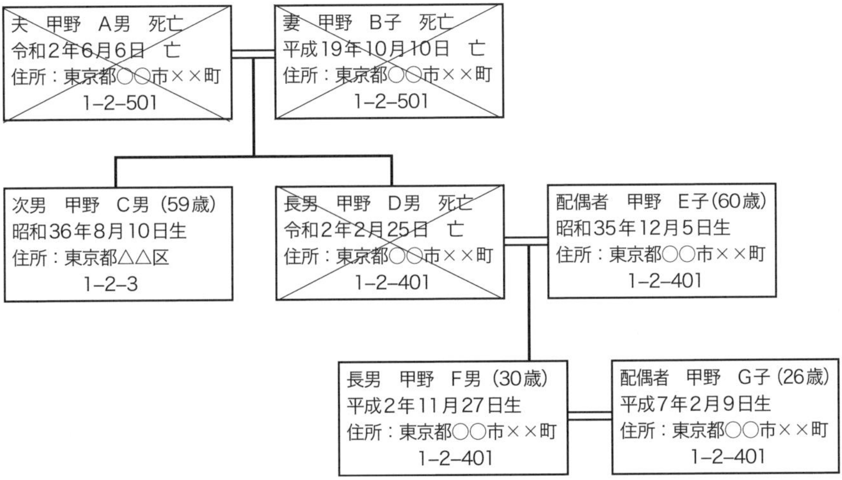

相続登記を司法書士等に委任する場合には、委任状（代理権限証書）が必要です。相続人の単独申請が一般的である相続登記の場面では、委任状への押印については、認印で足りるとされることが多いのですが、事例によって、実印での押印が必要な場合もあります。

相続の手続（不動産の登記、預貯金の名義変更など）をするうえでは、誰が相続人であるかを確認するために必ず被相続人が生まれてから死亡するまでの戸籍が必要になります。

被相続人が死亡したときの除籍謄本には、死亡時点で被相続人の戸籍に入っていた相続人（配偶者、未婚の子など）は記載されていますが、それ以外の相続人は記載されていません。そこで、改製前の戸籍謄本類を取り寄せて、改製前の段階で被相続人の戸籍から除かれた者の存否を確定する必要があります。

被相続人が生まれてから死亡するまでの全ての戸籍謄本を取得することで初めて、相続人全員を確定させることができるのです。

なお、戸籍についての詳細は、「第3章　戸籍の基礎知識」（☞143頁）を参照してください。

(3) 法定相続情報証明制度

相続人全員を確定させるためには、被相続人が生まれてから死亡するまでの全ての戸籍類等を取得するとともに、相続人が誰であるかを示すためには、これらを全て提示する必要がありました。しかし、登記をする際の法務局に限らず、金融機関や保険会社など相続人が誰であるかを示す場面はさまざまであり、これまでは、それら全ての機関に戸籍類の束を郵送したり、持ち込んだりして、その都度、原本確認のうえそれらの機関がコピーをするのを待っていなければならず、時間もかかり、複数の機関で同時並行的に手続を進めることは困難でした。

このようなところ、平成29年5月、法定相続情報証明制度がスタートしました。これは、登記所（法務局）に戸籍類等の束を提出し、あわせて相続関係を一覧に表した図（法定相続情報一覧図）を出し、登記官が確認をすれば、登記官がその一覧図に認証文を付した写しを無料で交付する、というものです。

登記官の認証文のついた「法定相続情報一覧図」は、その1枚で相続関係を証明することができますし、大変便利です。何通でも発行してもらえますので、複数枚を発行してもらえば、複数の法務局や金融機関で同時並行的に手続を進めることが可能です。また、戸籍類には、相続情報だけでなく、本籍地や婚姻に関する情報など相続に関係しない個人のプライバシーにわたる情報も多く記載されていますが、法定相続情報一覧図にはそのような記載はありませんので、法定相続人のプライバシーに配慮する意味でも、積極的に活用すべきでしょう。

(4) 共同相続の登記

被相続人が死亡すると、遺産は、暫定的に、相続人全員が共有していることになります（遺産共有。民法898条）が、遺産分割が完了するまでの間の実体法上の権利義務関係は、なお暫定的なものですので、確定するまでの間は、登記を変更しないでおくことが一般的となっています。しかし、何らかの事情で、相続人全員の共有の登記をすることがあります（相続財産管理の一方法として、保存行為に該当します）。

具体的には、次のような場合です。

(a)　遺産分割未了の間に、一部の相続人の事情で、共有のままで不動産を処分する必要が生じた場合、あるいは一部の相続人の共有持分のみを処分する必要が生じた場合

(b)　遺産の範囲に争いがある場合に、遺産を確定させたい相続人が保存行為として共有の登記をする場合

(c)　相続人の債権者が遺産中の不動産を保全する場合

このような相続登記は、保存行為として、相続人の1人が単独で行うことができます。しかし、登記申請者にあたる相続人は、自分以外の相続人のためにも登記をすることになりますので、登記申請者のみの共有の登記をすることはできません。また、後述のとおり、後日遺産分割が完了したときは、改めて共有持分移転の登記を行い、分割の実体に合った登記を再度申請する必要が生じます。

したがって、共同相続の登記のみで手続が終了することは通常は考えられず、二度手間になり、費用も二重にかかることから、共同相続の登記がされること

はあまりないのですが、共同相続の登記の有無により、その後の登記手続が異なってくるので、注意が必要です。

(5) 共同相続の登記がない場合の手続

① 遺産分割協議書

遺産分割前に（4）の共同相続の登記がなされていない場合、遺産分割の結果として、相続人全員の共同相続の登記を経ずに、遺産である不動産を取得した1人もしくは複数の相続人が、単独で、相続を原因として、移転登記をすることができます。

この場合、(2)（3）で列挙した相続登記に共通する必要書類のほかに、登記原因証明情報として、次の書類が必要になります。

(a) 遺産分割審判が確定して遺産分割が完了した場合　→審判書の正本
(b) 遺産分割調停が調った場合　→調停調書の正本
(c) 任意の遺産分割協議が調った場合　→遺産分割協議書
　遺産分割協議書には次の書類が添付されていることが必要です。
　i　遺産分割協議をした者全員の印鑑証明書（3か月以内というような制限はありません）
　ii　相続放棄をした者がいた場合、相続放棄の申述受理証明書（家庭裁判所から相続放棄申述受理通知を受けた後に申請します）
　iii　相続欠格者がいた場合、相続欠格証明書（たとえば、刑事判決書謄本等）

なお、遺産分割協議書は、通常、分割協議に加わった相続人全員の署名と実印押捺が列記されることが多いのですが、当事者が多く列記が困難な場合は、全く同文の遺産分割協議書を複数作成し、それぞれに個別の相続人が署名と実印押捺をする形式で相続人全員分の署名と実印を取得する方法もあります。必要な相続人全員の署名と実印押捺のある協議書がそろっていれば、相続登記の申請は可能です。金融機関などでは未だに所定の用紙（たとえば、相続届）への相続人全員の列記を必須とするところもあるようですが、当事者が多い場合には、事前に法務局等に問い合わせるなどして、当事者の負担やリスクを軽減する工夫を検討するとよいでしょう。

② 相続分のないことの証明書

相続に関する相談を受け、戸籍謄本を取り寄せて法定相続人を調べたところ、近しい法定相続人がおらず、疎遠となっている兄弟姉妹あるいはその子などが法定相続人になっており、しかもその人数が極めて多く、全国各地に散らばっているといった事案に遭遇したことのある弁護士は多いだろうと思います。遺産分割協議書は、数枚にわたったときには連続していることを証明するために契印が必要とされ、通常、末尾には、分割協議に加わった相続人全員の署名と実印押捺が列記されることになりますので、全国に散らばっている多数の相続人から1通の遺産分割協議書をどうやって取得しようかと悩んだ弁護士も多いのではないかと思います。また、そのようなときには、法定相続人中に「自分は被相続人とはかかわりがないので、相続手続にはかかわりたくない」とか、「自分は被相続人の生前にたくさん援助をしてもらったから、相続はしないでよい」などという人が存在することも多いといってよいでしょう。こうした場合に、その人が相続放棄をしてくれればよいのですが、既に相続放棄の申述期間が過ぎてしまっているということがあり得ます。

このようなときには、当該相続人から、民法903条2項に規定する「特別受益が相続分の価額を超えるために相続分がない」という証明書（実印押捺、印鑑証明書添付）を作成してもらい、これを提出することによって、その人を除く相続人が相続したとする登記が可能となります。この証明書は、「特別受益証明書」とも呼ばれます。相続分のないことの証明書を提出した相続人は、遺産分割協議に加わる必要はなく、別途遺産分割協議書に署名、押印をする必要もありません。

しかし、この方法は、実態に合致していないことが多く、後に証明書を発行した相続人が争ってきたときには、登記の無効を招来しかねません。したがって、実態に合わないときには、採用すべきではないといえましょう。現に、最近ではほとんど見なくなっています。

相続分のないことの証明書　書式例

相続分のないことの証明書 被相続人　　　　○　○　○　○ 生年月日　　　　昭和○○年○月○日 死亡年月日　　　令和　○年○月○日 本籍　　　　　　○○県○○市○○町○丁目○番地 最後の住所　　　○○県○○市○○町○丁目○番○号 　私は、上記被相続人の相続につき、被相続人の生前、被相続人から、生計の資本として既に十分な利益を享受しておりますので、本件相続に関し、私には相続する法定相続分がないことを証明いたします。 　令和○年○○月○日 　　住所　　　　　　　　××県××市××町×丁目×番×号 　　被相続人法定相続人　×　×　×　×　　実印

③　相続分譲渡証明書

「相続分のないことの証明書」に代わる方法として、「相続分譲渡証明書」があります。

これは、相続人のうちの誰かが自己の相続分を他の相続人に対して譲渡した旨の証明書を提出することで、登記をすることが可能になるものです。相続分の譲渡ができることは、民法905条の規定から明らかですが、遺産の取得を希望しない相続人が多数いる場合や、遺産の取得は望むものの金銭での取得を希望する相続人がいる場合に、そのような相続人に対し、その相続分の無償または有償による譲渡を申し入れ、相続分の譲渡をした旨の証明書をもらうわけです。この方法は、相続人1人ひとりの希望に添った対応をすることができ、相続人が遠方にいる場合、相続人が多人数におよび意見調整に困難がある場合などに、活用することができます。遺産分割調停でも、遺産取得を希望せず、特定の相続人に自己の相続分を譲ってもよいという相続人がいるときには、相続分譲渡証明書を添付した調停脱退届を提出してもらい、以後の調停手続を簡素化することが行われています。

相続分譲渡証明書には、実印を押捺し、印鑑証明書の添付が必要ですが、この相続分を譲り受けた法定相続人は、その分だけ法定相続分が増加することになります。

相続分譲渡証明書　書式例

相続分譲渡証明書

被相続人　○　○　○　○

生年月日　昭和○○年○月○日

死亡年月日　令和　○年○月○日

本籍　○○県○○市○○町○丁目○番地

最後の住所　○○県○○市○○町○丁目○番○号

上記被相続人の相続につき、私の法定相続分の全部を、無償にて、（あるいは金○○○円にて）貴殿に譲渡したことを証明いたします。

令和○年○○月○日

本籍　○○県○○市○○町○丁目○番地

住所　○○県○○市○○町○丁目○番○号

相続分譲渡人　×　×　×　×　印（実印）

本籍　○○県○○市○○町○丁目○番地

住所　○○県○○市○○町○丁目○番○号

相続分譲受人　×　×　×　×　印

(6) 共同相続の登記がある場合の遺産分割後の手続

遺産分割前の段階で（4）の共同相続の登記がなされている場合は、登記上も相続人全員に共有持分がある状態が形成されていることになるため、不動産を取得する相続人が登記権利者、その他の相続人が登記義務者になり、両者が共同して共有持分移転登記をする必要があります。

この場合、(2)（3）で列挙した相続登記に共通する必要書類のほかに、登記原因証明情報として、次の書類が必要になります。

⒜　登記原因証明情報
遺産分割に至った手続に応じて、(5) で指摘した書類一式
⒝　登記済証または登記識別情報
共同相続の登記をした際の登記識別情報が必要です。
被相続人が不動産を取得した際の登記済証または登記識別情報は不要です。
⒞　登記義務者全員の印鑑証明書
⒟　登記権利者の住民票
⒠　司法書士に委任する場合には委任状（この場合は実印で押印）

(7) 配偶者短期居住権と配偶者居住権の登記

①　配偶者保護のための新たな制度の創設

高齢化や核家族化が進み、夫婦の一方が亡くなった後、残された配偶者も同じく高齢者という事例が増え、これまでどおりの法定相続分を前提にすると、残された配偶者の生活が立ち行かなくなるという事例が多くなってきています。そのような状況下で、残された配偶者とそれ以外の相続人との利害が対立し、遺産分割について話し合いでの解決が難しいケースも増えてきています。そのような社会情勢の変化の中で、令和2年4月施行の改正民法によって、配偶者短期居住権、配偶者居住権という新たな制度が設けられることになりました。

②　配偶者短期居住権

配偶者短期居住権とは、被相続人の配偶者が、被相続人の相続開始時（死亡時）に被相続人の建物を無償で使用（居住）していた場合に、遺産分割が成立するまでの間、引き続き無償で使用することができるという制度です（民法1037条以下）。

法改正により、被相続人の配偶者が相続開始時に被相続人所有の建物に無償で住んでいた場合には、

⒜　配偶者が居住建物の遺産分割に関与するときは、居住建物の帰属が確定する日までの間（ただし、相続開始後6か月より早く居住建物の帰属が確

定した場合は、最低6か月間）

(b)　居住建物が第三者に遺贈された場合や、配偶者が相続放棄した場合には、居住建物の所有者から配偶者短期居住権の消滅の申入れを受けた日から6か月間

以上の期間、配偶者は、被相続人の建物を使用することができることとされました。

ただし、配偶者短期居住権は、あくまでも被相続人の生前に被相続人所有の建物に無償で住んでいた場合に、短期的に居住の利益を保護しようとする制度ですので、登記を設定することはできません。

③　配偶者居住権

配偶者短期居住権とは別に、被相続人の配偶者は、被相続人の財産に属した建物に相続開始の時に居住していた場合において、

(a)　遺産の分割によって配偶者居住権を取得するものとされたとき

(b)　配偶者居住権が遺贈の目的とされたとき

においては、被相続人が当該建物を他の者と共有していた場合を除き、配偶者は配偶者居住権を取得することとされました（民法1028条以下）。

これまで、配偶者に引き続き建物に居住させようとした場合、他の相続人との紛争が顕在化すれば、居住建物と当該建物の存する土地を配偶者に相続させざるを得ないことになり、配偶者の法定相続分を超えたり、土地建物を取得させてしまうと配偶者の生活資金を確保するのが困難になったりし、遺産分割の手続を円滑に進めることができない事例が散見されていました。

配偶者居住権の創設により、配偶者居住権を適切に評価することによって、配偶者の居住建物への居住を維持したまま他の遺産を配偶者に分割することも可能になるため、遺産の無用な売却を余儀なくされたり、配偶者の生活が立ち行かなくなったりといった問題が解消され、遺産分割手続の円滑化が期待されます。

配偶者は、必要に応じ、建物について、配偶者居住権の登記をすることができ、この登記をすることにより、登記後の自宅の取得者（転得者）にも配偶者居住権を対抗することができます（民法1031条）。なお、敷地の利用権の登

記はできません。

配偶者居住権の登記をするためには、その前提となる被相続人から相続人への相続登記を先行させ、あるいは相続登記と同時に申請する必要があります。また、登記は、配偶者居住権設定者である相続人（建物所有者）と配偶者居住権者との共同申請になります。

相続登記と同時に申請する場合に、重複した書類の提出は不要ですが、配偶者居住権の登記を相続登記後に単独で行う場合は、(2)（3）で列挙した相続登記に共通する必要書類も提出する必要があります。

配偶者居住権の登記に関する必要書類は、以下のとおりです。

(a)　登記原因証明情報
遺産分割に至った手続に応じて、(5) で指摘した書類一式
(b)　登記義務者全員の印鑑証明書
(c)　登記権利者の住民票
(d)　司法書士に委任する場合には委任状（登記義務者は実印で押印）

Point

◆遺産分割協議書の内容をチェックし、登記事項がどれかを確認する。
◆遺産分割協議書中の不動産物件の記載に誤記がないかどうかを慎重にチェックし、誤記があれば、同協議書に署名捺印した全ての相続人から訂正印をもらう。
◆既に相続人の１人から法定相続分による相続登記がなされていることがあるので、その有無を確認する。
◆被相続人の出生から死亡までの連続した戸籍謄本（除籍謄本・改製原戸籍謄本）が要求されるので、連続性をチェックする。
◆法定相続情報証明制度をうまく利用する。

［関　理秀］

Coffee Break

数次相続

数次相続があった場合の遺産分割協議書は、要注意です。次の例（Aが死亡し、妻B・長男C・長女Yの3名が相続人であったところ、Aの遺産分割協議が終わらないうちに長男Cが死亡して相続が開始し、XがCを相続した例）で、A名義の土地（本件土地）をXが取得する遺産分割協議書はどう書けばよいのでしょうか。

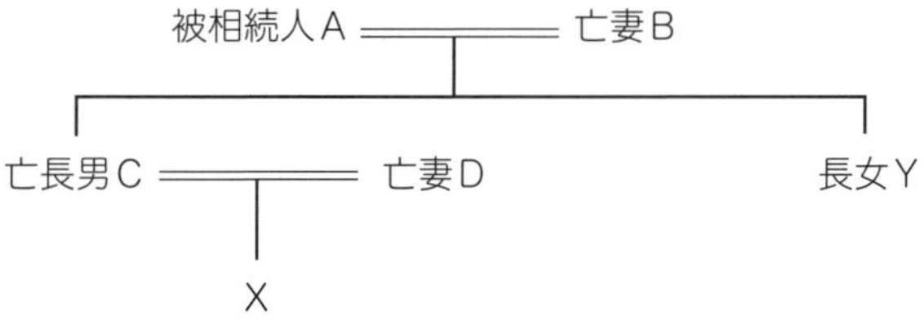

◇　被相続人Aの相続人Yおよび同亡Cの相続人Xは、Aの遺産について次の通り分割協議をする。

第○条　Xは、本件土地を取得する。

と結論だけを書くのは×

◇　被相続人Aの相続人Yおよび同亡Cの相続人Xは、Aの遺産について次の通り分割協議をする。

第○条　亡Cは、本件土地を取得する。

第○条　亡Cの相続人Xは、本件土地を取得する。

と数次相続の関係がわかるように記載するのが○

なお、これら全てが記載されていれば、1通の遺産分割協議書でもちろんOKです。

（髙中正彦）

5 会社設立登記

Section

Scene

新田弁護士は、個人顧客のAさんから、「会社を設立する予定だが、その登記のためにどのような書面が必要か」と質問されました。これに対し、新田弁護士が、何も答えずにすぐに司法書士を紹介すると返事をしたため、定款作成や登記手続までの流れだけでも説明できるようにと高川弁護士から注意されてしまいました。

会社の設立登記はどうなっているのでしょうか。

(1) 会社設立登記の基礎知識

ある人から会社の設立手続を依頼されたときに、司法書士にそのまま紹介する弁護士もいるようですが、依頼者の信頼をより強固にするためには、登記申請までの大まかな流れをおさえ、登記に必要な定款や創立総会議事録を弁護士自身で作成することが求められる場合があります。そのためにも、会社設立手続の概要はきちんと理解しておくことが大切でしょう。法人には、営利法人、非営利法人などさまざまな種類があり、会社法が定めている会社にも、株式会社と持分会社の2つがあり、持分会社には、合名会社・合資会社・合同会社の3種類があります。ここでは、ごく一般的な株式会社の設立に焦点を絞って考えていきましょう。

①　株式会社設立登記の流れ

株式会社の設立登記の大まかな流れは、次のとおりです。

出資者・取締役の印鑑証明書の取得（定款認証・登記申請のときに必要）

↓

定款の作成

↓

公証人による定款の認証

↓

法人印鑑の作成

↓

出資の履行・払込証明書※の作成

↓

設立事項の調査（発起設立の場合）（→ 設立時代表取締役等の選定へ）

創立総会（募集設立の場合）

　設立事項の報告・設立時役員等の選任・設立時役員による調査報告等

↓

設立時代表取締役等の選定（必要かは機関設計による）

↓

登記申請書類の作成

↓

登記申請

※発起設立の場合は、払込みがあったことを証する書面（会社法34条2項、商業登記法47条2項5号）で足りますが、募集設立の場合は、払込保管証明書が必要です（会社法64条2項、商業登記法47条2項5号）。

②　登記申請期間

ア　本店所在地における設立の登記

次に掲げる日のいずれか遅い日から2週間以内（会社法911条1項・2項）

(ｱ)　発起設立の場合

i　設立時取締役等による調査が終了した日（指名委員会等設置会社にあっては、設立時代表執行役が設立時取締役等から調査を終了した旨の通知を受けた日）

ii　発起人が定めた日

(ｲ)　募集設立の場合

i　創立総会の終結の日

ii　会社法84条の種類創立総会の決議をしたときは、当該決議の日

iii　会社法97条の創立総会の決議をしたときは、当該決議の日から2週間を経過した日

iv　会社法100条1項の種類創立総会の決議をしたときは当該決議の日から2週間を経過した日

v　会社法101条1項の種類創立総会の決議をしたときは、当該決議の日

イ　支店所在地における設立登記

本店の所在地における設立の登記をした日から2週間以内（会社法930条1項1号）

③　登録免許税

資本金の1000分の7の額か、同額が15万円に満たない場合は15万円。100円未満切り捨て（登録免許税法別表第124号（一）イ）

④　株式会社設立の登記事項（会社法911条3項）

ア　必要的記載事項

- 目的
- 商号
- 本店の所在場所
- 資本金の額
- 発行可能株式総数
- 発行済株式の総数
- 取締役の氏名
- 代表取締役の氏名及び住所（委員会設置会社である場合を除く）
- 公告方法

イ　定めがある場合の登記事項

- 支店の所在場所

ウ　定款に定めがある場合の登記事項（主なもの）

- 発行する株式の内容

・単元株式数についての定款の定めのあるときは、その単元株式数
・発行済み株式の種類および種類ごとの数
・株券発行会社であるときは、その旨
・新株予約券を発行したときは、新株予約権の数等
・取締役会設置会社であるときは、その旨

エ　支店の所在地において登記すべき事項（会社法930条2項）
・商号
・本店の所在場所
・支店（その所在地を管轄する登記所の管轄区域内にあるものに限る）の所在場所

(2) 定款の作成・認証

①　記載事項

定款の作成は、会社設立手続の第一歩であり、株式会社の組織と活動に関する根本規則を定めるものです。定款の記載事項には、それが記載されないと定款自体の無効を来す絶対的記載事項、定款に記載しなくても定款自体の効力に影響はないが、定款に定めないとその事項の効力が認められない相対的記載事項、定款に記載しなくとも効力があるが、定款に記載することで明確性が高まるとともに、変更に定款変更手続を要するという慎重さが求められるために記載する任意的記載事項の3つがあります。

ア　絶対的記載事項（会社法27条）
・目的
・商号
・本店の所在地
・設立に際して出資される財産の価額またはその最低額
・発起人の氏名または名称および住所

※　発行可能株式総数は、絶対的記載事項ではなく、定款作成時に必ずしも規定する必要はありません。もっとも、前述のとおり、設立登記の必要的記載

事項ですので、発行可能株式総数を規定していない場合は、会社の成立までに定款を変更して定める必要があります（会社法37条、98条）。

イ　相対的記載事項（主なもの）

・変態設立事項（現物出資等）の定め
・株券発行の定め
・株式譲渡制限の定め

ウ　任意的記載事項（主なもの）

・取締役、監査役、執行役の員数の定め
・事業年度の定め
・公告方法の定め

②　公証人の認証

定款の認証は、本店所在地を管轄する法務局所属の公証人役場で行います(公証人法62条の2)。公証人の認証を欠く定款は無効です（会社法30条1項)。

公証人役場で認証を受けるには、事前に定款、印鑑証明書をFAX等で送付して、不備がないか確認してもらうとよいでしょう。

なお、印紙税の節約のため、電子認証を行うことも可能ですが、一定のソフトウェアを有していること、電子署名の登録（有料）が必要であることなどから、確認が必要です。

(3) 創立総会の開催と議事録（募集設立)

募集設立の場合、設立時取締役、設立時会計参与、設立時監査役、設立時会計監査人は、創立総会で選任する必要があります（設立時代表取締役を創立総会で選任する旨を定款に定めた場合は、設立時代表取締役も選任）(会社法88条)。

創立総会議事録の参考書式は、後記のとおりです（☞128頁)。

(4) 登記の申請

① 申請方法

株式会社は、その本店の所在地において設立の登記をすることによって成立します（会社法49条）。申請は、設立時代表取締役が行います（商業登記法47条1項）。同人は、「登記の申請書に押印すべき者」であり、あらかじめまたは申請と同時に、印鑑の届出をしなければなりません（商業登記法20条）。

登記申請書の記載事項は法定されており（商業登記法17条、商業登記規則35条、37条2項）、法務省の後記ホームページに、会社の機関設計に応じた登記申請書のサンプルが掲載されていますので、参照してください。ここでは一例を引用します。

② 申請書添付書面（主なもの）

(a) 定款

(b) 発起人の同意書（定款で定めた場合は、その記載を援用する。）（☞127頁）

(c) 設立時募集株式の引受けの申込みまたは引受契約を証する書面（募集設立の場合）

(d) 払込みがあったことを証する書面

(e) 設立時取締役、設立時監査役および設立時代表取締役の就任承諾書（☞130頁）

（指名委員会等設置会社の場合は、設立時取締役、設立時委員、設立時執行役、設立時代表執行役の就任承諾書）（定款、発起人会議事録、創立総会議事録、設立時代表取締役選定決議書等の記載を援用することも可能）

(f) 印鑑証明書

(g) 印鑑届

※役員欄への婚姻前の氏の記録を希望する場合は、当該役員の戸籍謄本等が必要となります。旧姓使用を希望する役員の登記の際などに有用です。登記には戸籍上の氏名とともに、カッコ書きで旧姓氏名が記載されます。

登記申請書　書式例

株式会社設立登記申請書

1．商　号	株式会社○○○○	
1．本　店	○○県○○市○○町○丁目○番○号	
1．登記の事由	令和○○年○○月○○日発起設立の手続終了	
1．登記すべき事項	別添CD−Rのとおり	
1．課税標準金額	金○○○万円	
1．登録免許税	金○○○円	
1．添付書類		
定款		1通
発起人の同意書		通
設立時代表取締役を選定したことを証する書面		1通
設立時取締役、設立時代表取締役及び設立時監査役の就任承諾書		通
印鑑証明書		通
本人確認証明書		通
設立時取締役及び設立時監査役の調査報告書及びその附属書類		1通
払込みを証する書面		1通
資本金の額の計上に関する設立時代表取締役の証明書		1通
委任状		1通

上記のとおり登記の申請をします。

令和○年○○月○○日

申請人

代表取締役　　○　○　○　○　㊞

連絡先の電話番号

○○ 法務局 ○○ 支　局　御中

(収入印紙貼付台紙)

参考：法務局HP　http://houmukyoku.moj.go.jp/homu/COMMERCE_11-1.html#anchor1-1
「1−1　株式会社設立登記申請書（取締役会設置会社の発起設立）申請書様式」

発起人の同意書　書式例

同　　意　　書

本日発起人全員の同意をもって、会社が設立の際に発行する株式に関する事項を次のように定める。

1　発起人○○が割当てを受けるべき株式の数及び払い込むべき金額

　○○商事株式会社　普通株式　　　　○株

　株式と引換えに払い込む金額　　　金○円

1　発起人○○が割当てを受けるべき株式の数及び払い込むべき金額

　○○商事株式会社　普通株式　　　　○株

　株式と引換えに払い込む金額　　　金○円

上記事項を証するため、発起人全員記名押印（又は署名）する。

令和○年○月○日

○○商事株式会社

○県○市○町○丁目○番○号

発　起　人　○○○○　㊞

○県○市○町○丁目○番○号

発　起　人　○○○○　㊞

参考：法務局HP　http://houmukyoku.moj.go.jp/homu/COMMERCE_11-1.html#anchor1-1
「1−1　株式会社設立登記申請書（取締役会設置会社の発起設立）申請書様式」

創立総会議事録　書式例

創立総会議事録

令和○年○月○日午前○時○分○県○市○町○丁目○番○号当会社創立事務所において創立総会を開催した。

設立時株主の総数		○○名
設立時発行株式の総数		○○株
議決権を行使することができる設立時株主の数		○○名
この議決権の総数		○○株
出席した設立時株主		○○名
この議決権の総数		○○株
出席発起人	○　○　○　○（議長）	
	○　○　○　○（議事録作成者）	
出席設立時取締役	○　○　○　○	
	○　○　○　○	
	○　○　○　○	
設立時監査役	○　○　○　○	

上記のとおり設立時株主が出席し、創立総会は適法に成立したので、発起人○○○○は、創立総会を開催する旨を宣し、議事進行上議長の選任を諮ったところ、満場一致で発起人○○○○を議長に選任した。

議長は、就任の挨拶をした後、議長席につき、議事を進行した。

第1号議案　設立事項の報告の件

発起人総代○○○○は、発起人を代表して、当会社の設立経過を説明した後、設立に関する事項を詳細に報告したところ、全員異議なくこれを承認した。

第2号議案　定款承認の件

議長は、定款を朗読しその承認を諮ったところ、全員異議なく原案どおり可決した。

第３号議案　設立時取締役及び設立時監査役の選任の件

議長は、設立時取締役及び設立時監査役を選任したい旨を述べ、その方法を諮ったところ、株主の大部分から議長に一任したいと発言があり、一同これを承認したので、議長は下記の者を設立時取締役及び設立時監査役に指名し、その賛否を問うたところ、満場一致をもってこれを承認可決した。

設立時取締役

○県○市○町○丁目○番○号　　○ ○ ○ ○

○県○市○町○丁目○番○号　　○ ○ ○ ○

○県○市○町○丁目○番○号　　○ ○ ○ ○

設立時監査役

○県○市○町○丁目○番○号　　○ ○ ○ ○

なお、被選任者は、いずれもその就任を承諾した。

第４号議案　会社法第93条所定の調査報告の件

議長は、会社法第93条所定の調査報告をさせるため、設立時取締役及び設立時監査役に対し調査報告を求めたところ、設立時取締役○○は、設立時取締役及び設立時監査役を代表して、別紙報告書のとおり、これに関する詳細な報告をし、一同これを承認可決した。

以上をもって本総会の議案全部を終了したので、議長は閉会の挨拶を述べ、午前○時○分散会した。

上記の議事の経過の要領及びその結果を証するため、ここに議事録を作成し、議長及び出席した設立時取締役が次に記名押印する。

令和○年○月○日

○○商事株式会社創立総会において

議長兼設立時取締役　○ ○ ○ ○ ㊞

設立時取締役　○ ○ ○ ○ ㊞

同　○ ○ ○ ○ ㊞

設立時監査役　○ ○ ○ ○ ㊞

出典：http://houmukyoku.moj.go.jp/homu/content/001249316.pdf

就任承諾書　書式例

<table><tr><td>

就任承諾書

　私は、令和○年○月○日、貴社の設立時取締役に選任されたので、その就任を承諾します。

令和○年○月○日

住所　　○○県○○市○○町○丁目○番○号

氏名　　○　○　○　○　㊞

○○株式会社　御中

</td></tr></table>

参考：法務局HP　http://houmukyoku.moj.go.jp/homu/COMMERCE_11-1.html#anchor1-1
「1−1 株式会社設立登記申請書（取締役会設置会社の発起設立）申請書様式」

※一例ですので、会社の実情に合わせて作成する必要があります。

Point

◆会社の種類、機関設計により準備する書類が異なる。

◆定款や創立総会議事録の作成に備える。

［西田弥代］

6 役員変更登記

Section

Scene

高川弁護士と新田弁護士が会社経営者のAさんから相談を受け、「会社の登記簿謄本を取得してほしい」と述べたところ、設立時（15年以上前）の登記簿謄本を取り出し、「このときから一切登記をいじっていないのです」と言われました。すると、高川弁護士が「同じ役員が再任された際も登記が必要であり、登記を怠っていると過料の制裁もありますよ」と説明したため、新田弁護士はなるほどと思いました。

会社の役員変更登記はどうなっているのでしょうか。

（1）役員変更の手続

役員の氏名または名称は登記事項とされており、その改選があったときは、変更が生じてから2週間以内に変更登記の申請が必要となります（会社法915条1項、911条3項）。同一人が、任期満了と同時に同一資格に再就任した場合は、登記実務上、退任および就任の登記を一括して、「重任」の登記をすることが認められています。

なお、役員変更の登記についての登録免許税は、申請1件について3万円（資本金1億円以下の会社については1万円）です。

以下では、主な変更登記について述べていきます。

① 役員の選任

ア 登記すべき事項

役員の選任については、その就任（重任）年月日のほか、氏名または名称を登記する必要があります（会計参与については計算書類等の備置場所も必要です）。

イ　添付書面

(ア)　株主総会議事録

原則として、株主総会による選任決議の成立を証する株主総会議事録を添付します（商業登記法46条2項)。種類株主総会の決議の場合は、種類株主総会議事録となります。

(イ)　就任承諾を証する書面

被選任者による就任承諾の意思表示を証する書面（就任承諾書）を添付することになりますが（商業登記法54条1項)、株主総会議事録において、被選任者がその場で就任を承諾したことが記録されていれば、当該議事録を援用できます（下記書式例参照)。

(ウ)　印鑑証明書または本人確認証明書

非取締役会設置会社における取締役の就任登記については、代表取締役であるか否かにかかわらず、取締役の就任承諾を証する書面に押印された印鑑につき印鑑証明書または本人確認証明書（住民票の写し、戸籍の附票、運転免許証のコピー等）を添付します（商業登記規則61条2項・5項。ただし、再任の場合を除く)。

(エ)　戸籍謄本等

役員欄への婚姻前の氏の記録を希望する場合は、当該役員の戸籍謄本（戸籍事項証明書）等が必要となります。戸籍上の氏名とともに、カッコ書きで旧姓氏名が記載されます。

役員選任の株主総会議事録　書式例

第○号議案　取締役○名選任の件
　議長は、取締役全員○名が本総会終結の時をもって任期が満了するので、新たに次候補者らを一括して選任したい旨議場に諮ったところ、賛成多数をもって承認可決された。
　　　　取締役候補者　○　○　○　○
　　　　　　同　　　　○　○　○　○
　なお、選任された取締役は、その場で就任を承諾する旨を表明した。

②　役員の退任

退任事由により添付資料が異なるため、注意する必要があります。

ア　任期満了による退任

⑺　会社法上の注意点

当該役員が退任すると会社法または定款に定められた役員の員数に欠けてしまう場合、新たな役員が選任されるまで当該役員は権利義務を負うことになり(会社法346条1項)、登記もすることができないので、注意が必要です。

⑷　登記すべき事項

退任の旨およびその年月日

⑼　添付書類

⒜　任期満了時期の基準となる株主総会議事録（商業登記法54条4項）

⒝　定款により役員の任期を短縮または伸長している場合には、当該定めを証するための定款（商業登記規則61条1項）

⒞　株主総会決議により取締役または会計参与の任期を短縮している場合には、当該決議を証する株主総会議事録（商業登記法54条4項）

⒟　任期満了者が選任された際に事業年度をまたいで就任を承諾していた場合においては、当該任期満了の実際の選任日を証する株主総会議事録

※定時株主総会議事録の記載（記録）から退任者の任期が同総会の終了時に満了する旨がわかる場合には、上記⒝ないし⒟の書面は省略することができます。

イ　辞任による退任

⑺　会社法上の注意点

役員は、いつでも辞任することができます（会社法330条、民法651条1項）が、会社にとって不利な時期に辞任したときは、やむを得ない事由がある場合を除き、辞任者は会社に対し損害賠償責任を負うことになります（民法651条2項）。

辞任の方法は、辞任届を提出することが通常です。会社（の代表者）にその意思表示が到達したときに、辞任の効果が発生します。辞任者が代表取締役であるときは、ほかに代表取締役がいない場合、取締役会を招集して辞任の意思表示をします。ただ、取締役会の招集が難しい場合または非取締役会設置会社

の場合、ほかの取締役に辞任通知を提出して、全て送達できれば、辞任の効力が生じます。

欠員が生じた場合は、上記の任期満了による退任の場合と同様、新しく役員が選任されるまで権利義務を負うことになり、辞任登記もできません。

(イ)　登記すべき事項

辞任の旨およびその年月日

(ウ)　添付書類

辞任の意思表示がなされたことおよびその時期を証する辞任届など。

株主総会において後任者を選任する場合、その株主総会議事録に辞任者がその場で辞任を表明した旨が記載されていれば、当該議事録を援用することもできます。

なお、代表取締役の辞任の登記には、当該代表取締役の実印が押された辞任届とその印鑑証明書を添付するか、当該代表取締役の登記所届出印が押された辞任届を添付する必要があります。

取締役辞任届　書式例

辞　　任　　届

株式会社○○○○
代表取締役　○○○○　　殿

私は、一身上の都合により、令和2年○月○日をもって取締役を辞任したいので、お届けいたします。

令和2年10月1日

住所　　○○県○○市○○丁目○番○号
氏名　　○　○　○　○　㊞

ウ　解任による退任

(ア)　登記すべき事項

解任の旨およびその年月日

(イ)　添付書類

解任の株主総会議事録

エ　その他の事由による退任

欠格事由または委任の終了事由の発生により退任した場合、たとえば、死亡による場合には戸籍謄抄本、住民票の写し、死亡診断書または親族からの死亡届を、後見開始審判による場合には当該審判書または登記事項証明書を提出します。

(2)　過料の制裁

上記登記を怠ったときは、会社の役員等は、100万円以下の過料に処せられる可能性があります（会社法976条1項1号）。

登記をしないで放置していると、そのことを知った登記官から裁判所にその旨通知され（商業登記規則118条）、裁判所から会社の代表者個人に通知によって知らされます。当該個人が支払うべきものですから、会社の経費や損金にはできません。金額は、3万円から10万円程度が多いようです。

会社から役員の変更手続について相談を受けた場合は、最後の登記手続まで怠ることがないよう、十分に説明する必要があります。

(3)　登記のオンライン申請と取締役会議事録の電子署名

商業登記はオンライン申請が可能ですが、登記添付書類に取締役会議事録が求められている場合に、電子署名を使用した取締役議事録を使用することができるか問題となっていました。令和2年5月、法務省が、リモート署名（サービス提供事業者のサーバに利用者の署名鍵を設置・保管し、利用者がサーバにリモートでログインしたうえで自らの署名鍵で当該事業者のサーバ上で電子署名を行うもの）やサービス提供事業者が利用者の指示を受けて電子署名を行うサービスによる署名（クラウド型署名、電子サインなどと呼ばれることもある）を行った議事録も、会社法上の議事録として有効であるとの見解を示したため、現在ではリモート署名はもちろん、クラウド型電子署名を付された取締役会議事録をオンライン登記申請時に使用できることが明らかになりました。

テレワークが進み、会社の役員会もリモートで開催されることが多くなってきました。特に社外役員の押印を得るために議事録を持ち回りするのは、迅速な議事録作成の妨げになっていました。特に社外役員については、個人でリモート署名をできる環境を整えることも困難です。クラウド型署名による議事録の有効性が認められたことにより、議事録の電子署名による押印が普及していくものと思われます。

もっとも、オンライン申請においては、会社の実印の電子証明書の取得等もする必要があり、議事録等に使われた署名に関しては、「特定認証業務」を行える業者を法務省が指定しており、その業者が発行する電子証明書（公開鍵暗号方式の秘密鍵と公開鍵がハンコとするなら、それが本人のハンコだと証明する印鑑証明書のようなもの）が付与された電子署名以外は受け付けていません。事案に応じて手続等よく確認してください。

Point

◆会社法上の役員選任および退任の手続を把握しておく。

◆登記手続を見据えて書類を作成し、事前に司法書士の確認を得ることにより、役員変更後、スムーズに登記手続をすることができる。

◆役員選任時や変更時に、役員欄に婚姻前の氏を記録することもできる。

［西田弥代］

7 債権譲渡登記・動産譲渡登記

Section

Scene

高川弁護士と新田弁護士は、顧問先のA社から、「最近取引先B社の悪い信用情報を耳にした。当社はB社に対して多額の売掛債権を有しており、このまま仮にB社が倒産するとたいへんなことになるので債権の保全をしたいが、B社が保有する資産は売掛債権くらいしかない。どうすればよいか」との相談を受けました。高川弁護士が、「B社が保有している売掛債権を譲渡担保にとり、これを登記してはどうか」とのアドバイスをしました。債権譲渡登記はどのようなものなのでしょうか。

(1) 債権譲渡登記とは

債権の譲渡担保とは、債務者が保有する債権を債権者が担保目的で譲り受けるものです。この場合の第三者対抗要件は債権譲渡と同様に確定日付のある通知か、債権譲渡登記によることになります。第三者対抗要件を具備していないと、譲受人は、二重譲渡の譲受人や譲渡債権の差押債権者、譲渡人が破産した場合の破産管財人等に対して、債権の譲渡担保権者であることを対抗できなくなります。

債権譲渡登記は、法人が有する金銭債権の譲渡を登記することによって債権譲渡通知と同様に第三者に対抗できるものですが、債権譲渡通知と異なり、第三債務者（譲渡人が有する債権の債務者）に知れることなく対抗要件を具備することができます。債務者（譲渡人）が債権譲渡をしたということ（しかもそれが担保目的であること）が第三債務者を通じて広まると、譲渡人の信用を害することになることがしばしばありますが、債権譲渡登記の場合は、（譲渡担保権を実行するまでは）第三債務者に譲渡の事実が知れることがありませんので、債務者（譲渡人）の信用が害されることなく、譲受人は第三者対抗要件を具備することができる点がメリットです。

債権は、既存の債権だけではなく、将来発生する債権で、債務者が確定していない債権であっても譲渡可能であり、そのような債権譲渡登記も可能です。そのため､債権譲渡登記には存続期間を定めなければならないとされています。

(2) 債権譲渡登記の申請

債権譲渡登記の種類は、債権譲渡登記、質権設定登記、延長登記、抹消登記の4種類がありますが、ここでは債権譲渡登記を例にとります。

債権譲渡登記の申請は、東京都中野区にある東京法務局民事行政部債権登録課という登記所1か所のみが受け付けます。登記申請は、書面による申請の場合は添付書面の他に登記すべき事項等（申請データ）をCD-R等で提出する必要があります。オンライン方式による申請もなされていますし、申請データをオンラインで提出し、登記申請書を別途提出する事前提出方式もあります。

登記申請書には、登記の目的、申請人に関する事項、手数料額、登記申請の年月日、登記所の表示を記載します。

また、添付書面は、代理権限証書（委任状等)、取下書、譲渡人（質権設定者）の代表者の資格証明書（登記事項証明書）と印鑑証明書、譲受人（質権者）の代表者の資格証明書（登記事項証明書)、譲受人（質権者）の住所を証する書面（住民票の写し)、存続期間が登記の日から50年（債務者不特定の債権を含む場合には10年）を超えるときは、その存続期間を定めるべき特別の事由があることを証する書面です。このうち、取下書の添付は任意です。登記申請に誤り等があった場合には、取下書の添付がないときは、当該登記申請は却下され、提出した登記申請書等及び登記申請書に貼付された収入印紙は返却されませんが、取下書が添付されていれば、却下事由があっても、当該登記申請は却下されることなく、登記申請書等は返却されるため、実務では申請の際に提出されることが一般的です。

申請データは、CD-RまたはCD-RWに法務大臣が指定する方法で一定事項を記録します。申請データに書き込む事項は、登記共通事項として、登記種別コード、登記原因年月日、登記原因コード、登記原因、存続期間の満了年月日があり、そのほか登記代理人情報、譲渡人情報、譲受人情報、債務者情報、原債権者情報、個別債権事項等になります。法務省はホームページでこれらのデータ作成ツールを提供しており、これを利用して申請データを作成していきます。

(3) 債権譲渡登記のなされた債権譲渡担保の実行方法

債権譲渡登記がなされた場合、債権の譲受人が債権譲渡の事実を債務者に主張するには、譲渡人または譲受人が登記事項証明書を債務者に交付して通知しなければなりません。

この登記事項証明書は、債権譲渡登記所で交付を受けることができます。債権譲渡登記に関する証明書は、債務者のプライバシーに対する配慮から、登記事項概要証明書（登記されている事項のうち、債務者名等の個々の債権を特定する事項を除いた事項を記載したもの）と登記事項証明書（個々の債権に関する登記事項の全部を記載したもの）の２種類の証明書が設けられています。登記事項概要証明書は、誰でもその交付を請求することができますが、登記事項証明書の交付は、債権譲渡登記の当事者、譲渡された個々の債権の債務者その他の利害関係を有する者のみがその請求をすることができます。

(4) 動産譲渡登記

債権と同様に在庫商品や生産設備等の動産の価値に着目しこれを担保にして金融がなされることも増えています。動産担保の場合、債務者の手元に当該動産を置きながら担保設定がなされるニーズがあり、従来は占有改定の方法で対抗要件としての引渡しがなされることが多かったのですが、これでは外形上、明確ではないために動産の譲渡についても対抗要件として登記制度が設けられています。債権譲渡登記と同様に法人が譲渡する場合に限られています。

登記申請の方法も債権譲渡登記と同様に東京都中野区の東京法務局民事行政部動産登録課の１か所のみで受け付け、申請の方式は、書面方式、オンライン方式、事前提出方式の３種があり、登記申請書、添付書面、申請データを提出することになっています。

登記に関する証明書は、①譲渡された動産を特定する事項を含む登記事項の全部を記載した登記事項証明書、②登記されている事項のうち、譲渡された動産を特定する事項を除いた事項を記載した登記事項概要証明書および③譲渡人として登記されている会社・法人ごとに、動産譲渡登記の概要を記載した概要記録事項証明書の３種類の証明書があります。

Point

◆債権譲渡登記は法人が金銭債権を譲渡した場合に用いることができる制度で、確定日付ある通知に代わる対抗要件であるが、第三債務者に知れることなく対抗要件を具備できるところにメリットがある。
◆債権譲渡登記は、東京都中野区の登記所のみでなされ、登記申請書、添付書類、申請データを提出してなされる。書面方式の他、オンライン方式、事前提出方式がある。
◆債権の譲受人が（第三）債務者に債権譲渡の事実を主張するには登記事項証明書を交付しての通知が必要である。
◆動産の譲渡についても債権譲渡登記に類似した登記制度がある。

［市川　充］

登　記　申　請　書

登記の目的　　　債権譲渡登記

添付書面　　　　資格証明書　印鑑証明書

登録免許税　　　7,500円

上記のとおり、申請します。

令和○○年○○月○○日　東京法務局　御中

申　請　人

譲渡人

(連絡先　　　－　　　－　　　)

譲受人

(連絡先　　　－　　　－　　　)

第3章

戸籍の基礎知識

1 戸籍謄本・戸籍事項証明書

Section

Scene

新田弁護士は、Aさんから遺産分割についての相談を受けました。Aさんによれば、被相続人には配偶者も子もいない、Aさんは被相続人の甥にあたるが、親戚づきあいもなく誰が相続人になるのかもわからないということでした。新田弁護士は、まずは相続人を確定する必要があると考えました。

どのように相続人を確定させていけばよいのでしょうか。

(1) 戸籍謄本・戸籍事項証明書の記載事項と読み方

相続の案件にかかわると、必ず戸籍謄本などによって相続人の範囲を確定する作業が必要になるので、弁護士は戸籍にかかわる機会が非常に多いといえます。戸籍は基本的な知識がなければ正確に読むことができません。たとえば、この戸籍はなぜ新しく作られたのか、この戸籍はいつからいつまでの事柄を表しているのか、この戸籍が作られる前に遡るにはどうすればよいのかといったことを読み取り、実際に戸籍を取り寄せて調査をすることは容易ではありません。

ところが、弁護士が戸籍についての基礎知識を勉強する機会というのは、必ずしも多くはありません。そこで、戸籍謄本、住民票、外国人住民票の読み方や取得方法について、確認することにしましょう。

①　戸籍・戸籍謄本・戸籍事項証明書とは

戸籍とは、夫婦およびこれと氏を同じくする子ごとに編製される、出生から死亡にいたるまでの身分上の重要な事項を公証する公簿です。戸籍は、正副2

通が作成され、正本は市区町村役場に、副本は法務局もしくは地方法務局またはその支局に保存されています。

戸籍謄本とは、戸籍の記載事項の全部を転写したものであり（一部の記載のみを転写したものは、「戸籍抄本」といいます）、戸籍事務のコンピュータ処理に伴い、戸籍謄本は「戸籍全部事項証明書」に名称が変わりました（戸籍抄本は、「戸籍一部事項証明書」）。

以下では、戸籍謄本・戸籍事項証明書を併せて「戸籍謄本等」と称して、説明します。

②　記載事項

戸籍謄本等は、本籍、筆頭者の氏名、戸籍事項、父母、続柄、生年月日、身分事項の各欄があり、それぞれの欄に該当する事項として、次のような事項の記載があります。

- 本籍地
- 筆頭者氏名
- 各人の氏名
- 出生年月日
- 戸籍に入った原因および年月日
- 実父母の氏名および実父母との続柄
- 養子であるときは、養親の氏名および養親との続柄
- 夫婦については、夫または妻である旨
- 他の戸籍から入った者については、その戸籍の表示
- 死亡年月日、失踪年月日
- 未成年後見人の存在
- 両親が離婚した場合における親権者の指定等の身分事項
- 推定相続人の廃除

③　読み方

戸籍は、原則として、一組の夫婦とその夫婦の子ごとに編製されます。そこで、

ある人が出生すると、その届出により、親（筆頭者は父の場合も母の場合もあります）の戸籍に入籍します。そして、結婚すると、その届出により、親の戸籍から除かれ（除籍）、配偶者と新しく戸籍が作られます（就籍）。また、本籍地を別の市町村に変えた場合には、変更後の市町村で新しい戸籍が作られ（転籍）、元の戸籍（原戸籍）は除籍されます。

新しい戸籍が作られた場合、もとの戸籍に書かれている内容の全てが移し替えられるわけではありません。そこで、相続人を確定するためには、現在の戸籍から、被相続人が出生したときの戸籍まで遡って調査する必要があります(たとえば、数代にわたって相続登記をしないで放置しておいた土地の相続人調査は大変な労力が必要となります。昔は子だくさんでしたからなおさらです)。そのためには、戸籍謄本の当該人の転籍先を確認し、その地の市区町村長に対して、改製原戸籍謄本を申請することとなります（合併によって探している町村が現存していないときは、「市町村役場便覧」（日本加除出版）などによって調べます)。

なお、被相続人が非嫡出子を認知していた場合、認知の事実が父の戸籍に記載されますが、認知された子が父の戸籍に入ることはありません。しかも、被相続人が子を認知後、結婚や転籍により戸籍を移動した場合、上記認知の事実は、新しい戸籍には移し替えられず、新しい戸籍だけを見た場合、認知した子がいる事実は判明しないのです。ここは注意したい点です。

④　いつからいつまでの戸籍なのかを読み取る

戸籍を見るときの1つのポイントは、その戸籍がいつからいつまでの出来事を表しているものなのか、つまりその戸籍がいつ作られ、いつ閉じられたのかを読み取るということです。たとえば、昭和55年に作られ、平成2年に閉じられた戸籍であれば、昭和55年以前のことを調べるには、さらにその戸籍が作られる前の戸籍に遡らなければならないことになります。

戸籍が新しく作られる原因は、さまざまです。

現在では、婚姻することにより、親の戸籍から独立して新しい戸籍が編製されます。戦前は家督相続がなされていましたから、婚姻によっても独立することはなく、戸主の戸籍のままでした。戸主の死亡か隠居によって家督相続が生じた場合や、分家したような場合に新しい戸籍が編製されました。死亡や（現行法の）婚姻によって戸籍から除かれることを除籍といいます。ある戸籍に載っている人全員が死亡や婚姻によって除籍されると除籍簿に移されます。

本籍地をほかの市町村に移転した場合にも新しい戸籍が作られます。これを転籍といいます。

戸籍法が改正されたことにより新しい戸籍が編製されました。これを戸籍の改製といいます。戸籍が作られたのは明治5年といわれていますが、その後戸籍法は、明治19年、明治31年、大正4年と改正されてきました。戦後民法が改正されて家督相続が廃止されたのを受け、昭和23年にも改正戸籍法が施行されました。もっとも、このときは一度に全ての戸籍を改製するのは困難であったことから、「従前の戸籍については新法施行から10年を経過して改正されるまでは新法戸籍とみなす」とされました。

その後古い戸籍が順次新戸籍に改製され、古い戸籍には「昭和32年法務省令第27号により昭和〇年〇月〇日あらたに戸籍を編製したため本戸籍消除」と記載され、欄外に「改製原戸籍」と表示されました。

近時の戸籍法改正は、平成6年のもので、これにより、戸籍がコンピュータ化されました。このときも一斉に戸籍がコンピュータ化されたわけではなく、市町村の事情に応じて随時コンピュータ化がなされていきました。

コンピュータ化によって新しく戸籍が作られた際には、古い戸籍の右の欄外に「平成6年法務省令第51号附則第2条第1項による改製につき平成〇年〇月〇日消除」と記載され、その上の欄外に「改製原戸籍」と表示されました。

このように戸籍法の改正により戸籍は、複数回の改製がなされましたが、戸籍が新しく改製される際に、前の戸籍に記載されている全ての事項が新しい戸籍に転載されるわけではありません。そのため、その戸籍がいつ編製されたものなのかを読み取り、改製される前の戸籍（改製原戸籍）に遡る必要があるのかを判断していくことになります。

(2) 改製原戸籍謄本・除籍謄本、その他

①　改製原戸籍謄本

改製原戸籍とは、法律の改正に伴って新しく戸籍が作り直された場合の、従前の戸籍のことをいいます。

たとえば、コンピュータ化される以前の戸籍、家督相続廃止前の戸籍が、これに該当します。

②　除籍謄本

各人の婚姻、死亡、転籍などにより、その戸籍に記載されている全員が当該戸籍から除かれた場合、その戸籍は戸籍簿から除かれて除籍簿に移され、その戸籍謄本は、除籍謄本となります。具体的には、戸籍事項欄に戸籍を消除したことと消除日が書き込まれ、「除籍」の押印がされて、除籍簿に移されます。

戸籍簿にはない身分関係が記載されている可能性がありますので、身分関係

告知書例

証　明　書

○　従前の本籍地　　北海道函館市○○町○番地

○　除籍年月日　　昭和 ○ 年 ○ 月 ○ 日

○　戸　　主　　○ ○ ○ ○

○　同　　籍　　○ ○ ○ ○

上記本人の除籍の原本は昭和○年○月○日の函館市大火の際焼失したことを証明する。

令和 ○ 年 ○ 月 ○ 日

函館市長　　○ ○ ○ ○　印

を知るためには、除籍謄本も取り寄せなければなりません。

③ 戸籍の焼失、滅失、廃棄などの告知書

除籍の保存期間が経過し、廃棄されてしまった場合、戦災や大火などにより古い除籍簿や改製原戸籍が焼失・滅失してしまった場合は、管轄の市区町村役場で、その旨の告知書（または証明書）を作成してもらえることがあります。この告知書によって、戸籍の連続性が架橋されることになります。

(3) 戸籍の読み方の例

甲野一郎さんの妻春子さんが平成9年に亡くなったことにより、同人の当時の相続人が誰かを戸籍によって調べてみましょう。

戸籍例1は甲野一郎さんの現在のコンピュータ化された戸籍です。それまでの戸籍は縦書きでサイズもB4でしたが、コンピュータ化されてからは横書きになり、A4サイズになりました。また、情報がデータ化されたことにより従前は紙に記載された情報を謄写して「謄本」の交付を受けていたのが、その後はデータを紙に打ち出すことになるので、「謄本」ではなく「全部事項証明書」の交付を受けることになりました。

戸籍例1の《A》には「改製事由」と「改製日」が記載されていて、平成6年法務省令によって平成9年12月に改製されたことがわかります。したがって、この戸籍は平成9年12月以降の事柄を表しています。戸籍が閉じられた記載がないので、この全部事項証明書の交付を受けた日までの事柄が表されています。春子さんはこの戸籍が作られた平成9年12月の時点では既に死亡していたので、この戸籍には載っていません。

そこで、この戸籍が作られる前の戸籍に遡ります。戸籍例1の戸籍が作られる前の戸籍が戸籍例2です。戸籍例2の《A》には「平成6年法務省令第51号附則第2条第1項による改製につき平成9年12月11日消除」という記載があるので、コンピュータ化により平成9年12月11日に新しい戸籍（戸籍例1の戸籍）が作られたことによって、この戸籍が同日に閉じられたことがわかります。つまり、戸籍例1の戸籍の直前の戸籍がこの戸籍例2の戸籍ということに

なります。

次に戸籍例2の《B》を見ると、昭和32年法務省令第27号により昭和36年6月1日にこの戸籍が編製されたとありますので、この戸籍は昭和36年に作られたものであることがわかります。したがって、この戸籍は昭和36年6月から平成9年12月までの事柄を表しています。

そして、この戸籍の春子さんの欄を見ると、平成9年10月11日東京都港区で死亡した事実がわかります。この戸籍からは、夫一郎さんと長男健太郎さんが春子さんの相続人であることがわかりますが、昭和36年以前のことはわかりません。昭和36年当時、春子さんは43歳ですから、それ以前に、出産したり養子縁組をした可能性があるので、この戸籍が作られる前の戸籍に遡る必要があります。

戸籍例3の《A》には、前戸主が昭和8年に死亡したことにより甲野一郎が家督相続したとありますから、同年にこの戸籍が新たに作られたことがわかります。その後、《C》にあるとおり、昭和23年の戸籍法改正を前提にした昭和32年の法務省令により昭和36年に新しい戸籍が編製されたため、この戸籍が消除されました。そのためこの戸籍には「改製原戸籍」と表示されています。

春子さんは、昭和18年3月7日に甲野一郎さんと結婚して、この戸籍に入ってきました。もとの戸籍は神奈川県鎌倉市材木座○○番地の乙野隆さんの戸籍です。春子さんに関して言えば、戸籍例3の戸籍は昭和18年から昭和36年までの事柄が記載されています。つまり、大正8年生まれの春子さんの25歳から43歳までのことが表されています。そして、この改製原戸籍には夫一郎と長男健太郎のみが記載されていますので、それ以外の相続人は見当たらないことになります。春子さんの相続に関して、昭和18年以前に作られた戸籍（つまり春子さんがこの戸籍に入る前の乙野隆さんの戸籍）まで遡る必要があるかどうかですが、昭和18年当時、春子さんは25歳であり、その前に出産していた可能性もあることから、甲野一郎さんと結婚する前の戸籍にまで遡る必要があります。ここでは乙野隆さんの戸籍例をあげるのは割愛します。

なお、戸籍例3の《B》の「昭和32年法務省令第27号により昭和34年3月6日本戸籍改製」とあるのは、もともとこの戸籍が作られたのは、戦前の家督相続の時代ですが、この戸籍は一郎さんとその妻の春子さん、子の健太郎さん

戸籍例１

全部事項証明

本　　籍 氏　　名	埼玉県蕨市中央五丁目〇〇番地 甲野　一郎
戸籍事項 　戸籍改製	【改製日】平成９年12月11日 【改製事由】平成６年法務省令第51号附則第２条第１項による改製　　**《A》**
戸籍に記載されている者	【名】　一郎 【生年月日】大正10年６月８日　　【配偶者区分】　夫 【父】甲野太郎 【母】甲野ウメ 【続柄】長男
身分事項 　　　出生	【出生日】大正10年６月８日 【出生地】岐阜県恵那市 【届出日】大正10年６月19日 【届出人】父
婚姻	【婚姻日】昭和18年３月７日 【配偶者名】乙野春子 【従前戸籍】埼玉県蕨市中央五丁目〇〇番地　甲野太郎

これは戸籍に記載されている事項の全部を証明した書面である。

令和〇年〇月〇日

戸籍例2

改製原戸籍

平成六年法務省令第五一号附則第二条第一項による改製につき平成九年拾弐月拾壱日消除　《A》

本籍	埼玉県 ~~北足立郡蕨町~~ ○○番地（蕨市中央五丁目）
氏名	甲野　一郎

昭和参拾弐年法務省令第二十七号により昭和参拾四年参月六日改製につき昭和参拾六年六月壱日本戸籍編製　《B》

大正拾年六月八日岐阜県恵那郡笠置町姫栗○○番地で出生父甲野元太郎届出同月拾九日受附入籍

乙野春子と婚姻届出昭和拾八年参月七日受附

平成九年拾月拾壱日妻死亡

父	亡　甲野　太郎
母	亡　ウメ
	長男
夫	一郎
出生	大正拾年六月八日

大正八年九月拾日東京府荏原郡鎌田町○○番地で出生父乙野隆届出同月拾五日受附入籍

昭和拾八年参月七日甲野一郎と婚姻届出神奈川県鎌倉市材木座○○番地乙野隆戸籍より同日入籍

平成九年拾月拾壱日東京都港区で死亡同月拾弐日親族健太郎届出同月拾五日東京都港区長から送付除籍　《C》

父	亡　乙野　隆
母	桜子
	長女
妻	春子
出生	大正八年九月拾日

昭和弐拾年九月参日埼玉県蕨市中央○○番地で出生父甲野一郎届出同月五日蕨市長受附同日送付入籍

昭和四拾五年四月拾五日丙野章子と婚姻届出東京都武蔵野市吉祥寺西町一丁目三番五に夫の氏の新戸籍編製につき除籍

父	甲野　一郎
母	春子
	長男
	健太郎
出生	昭和弐拾年九月参日

戸籍例３

改製原戸籍

本籍	埼玉県北足立郡蕨町○○番地

昭和八年八月九日前戸主太郎死亡ニ因リ家督相続届出同月弐拾日受附《A》

乙野春子と婚姻届出昭和拾八年参月七日受附

昭和参拾弐年法務省令第二十七号により昭和参拾四年参月六日本戸籍改製《B》

昭和参拾弐年法務省令第二十七号により昭和参拾六年六月壱日あらたに戸籍を編製したため本戸籍消除《C》

神奈川県鎌倉市材木座○○番地戸主乙野隆長女昭和拾八年参月七日甲野一郎ト婚姻届出同日入籍

埼玉県蕨市中央○○番地ニ於テ出生父甲野一郎届出昭和弐拾年九月参日同月五日蕨市長受附同日送付入籍

前戸主	戸主	妻	
甲野　太郎	前戸主トノ続柄：甲野太郎長男		
	父：亡　甲野　太郎	父：乙野　隆	父：甲野　一郎
	母：亡　ウメ	母：桜子	母：春子
	男長	女長	男長
	甲野　一郎	春　子	健太郎
	出生：大正拾年六月八日	出生：大正八年九月拾日	出生：昭和弐拾年九月参日

が載っているだけだったので、戦後の新基準（夫婦とその子で1つの戸籍を構成する）を満たしていることになり、新たに戸籍の書替えをしなくても問題がないことから、「改製」の記載だけをして新たに戸籍を作ることを省略したということを意味します。これを一次改製と呼んでいます。これに対して《C》のように新しく戸籍を編製したものを二次改製といいます。

(4) 戸籍謄本等の取り寄せ方法

戸籍に記載されている事項は、個人情報ですので、戸籍謄本等の請求をできる人は、戸籍に記載された本人、その配偶者、直系親族（以下「請求権者」といいます）に限られており、これら以外の者が請求する場合には、正当な理由を明らかにすることが求められます（戸籍法10条、10条の2、12条の2)。

そこで、請求権者が取り寄せる場合と、弁護士が取り寄せる場合とに分けて、それぞれの方法を説明します。

①　請求権者が取り寄せる場合

ア　請求先

本籍地の市町村役場（郵送による請求も可能）

イ　必要書類

・戸籍に関する証明書の請求書（市町村窓口やホームページよりダウンロード可能）

・身分確認できる証明書（運転免許証、パスポートなど）

・(郵便による請求の場合）返信用封筒（郵券貼付）

・(代理人による請求の場合）本人の委任状

・手数料（郵便による請求の場合は、郵便局で定額小為替を購入して送付しますが、市区町村によって手数料の額が異なっているので、事前に確認しておくことが必要です）

マイナンバーカード（または住民基本台帳カード）を利用して、市区町村が発行する証明書（住民票の写し、印鑑登録証明書等）を、全国のコンビニエン

手数料（千代田区の場合）

種　類	手数料
戸籍謄本（戸籍全部事項証明書）	450円
戸籍抄本（戸籍一部事項証明書）	450円
除籍謄本（除籍全部事項証明書）	750円
除籍抄本（除籍一部事項証明書）	750円
改製原戸籍謄本	750円
改製原戸籍抄本	750円

スストア等のキオスク端末（マルチコピー機）から取得することもできます。この方法により取得できる証明書の種類は、市区町村により異なります。たとえば、東京23区の場合、令和3年4月現在、千代田区では戸籍や戸籍の附票もこの方法により取得できますが、渋谷区では、戸籍も戸籍の附票も取得できません。他方、世田谷区では、戸籍は取得できますが、戸籍の附票は取得できません。

店舗に設置されているキオスク端末（マルチコピー機）の画面に表示されている「行政サービス」ボタンを押すと、利用開始となるため、同端末の案内に従って暗証番号等の情報を入力すると、証明書の発行を受けることができます。

依頼者本人に自身の戸籍謄本等の取り寄せをお願いする場合には、マイナンバーカードの所持の有無を確認し、マイナンバーカードを所持している場合は、この方法を案内すると、簡便かつ早急な取得が可能となる場合があります。

②　弁護士が取り寄せる場合

弁護士が戸籍謄本等を取り寄せる場合には、日弁連が定めた様式の戸籍謄本等職務上請求書により、職務上請求を用いることができる場合があります（戸籍法10条1項または10条の2第1項による請求）。ただし、この方法により戸籍謄本等を取り寄せるには、業務の遂行に必要な場合に限られ、利用目的を明らかにしなければならないことに注意する必要があります。

所定の戸籍謄本等請求用紙は、自己の所属する弁護士会に、身分証明書を示し、購入申込みをして購入しますが、濫用を防止する趣旨から、原則として3か月間に2冊を超えて購入することはできません。また、第三者に貸与してはならないなど、同用紙については厳格な取扱いがなされています。過去に、調査会社（興信所）にこの請求用紙を譲渡したために懲戒処分を受けた弁護士がいますので、そのようなことのないよう取扱いには注意が必要です。

この方法により取り寄せる場合には、市町村所定の請求書の記載や身分証明書の添付は不要ですが、本人請求の場合と同額の手数料の納付が必要です。郵送で取り寄せる場合は、定額小為替を送付します。

戸籍謄本等を早急に取得する必要がある場合には、送付用の封筒の表書に「職務上請求書在中」と記載し、返信用封筒には速達用の郵券を貼付しておくのがよいでしょう。

なお、改製原戸籍謄本を取り寄せる場合、同一市区町村に複数の改製原戸籍が存在することがあります。そのような場合、既に入手済の改製原戸籍謄本のコピーを添付し、「これ以外の改製原戸籍謄本をご送付ください」とのメモをつけておくと同じものを二重に取り寄せてしまうことがありません。また、筆の文字が判読できないときも、そのコピーを添付して、「この文字が判読できないのですが、おわかりのときは、その改製原戸籍謄本をご送付ください」とのメモをつけておくと効率的です。

Point

◆その戸籍がいつからいつまでの事柄を表しているのかを意識しながら戸籍を読み取る。

◆戸籍法の改正による戸籍の改製、市町村移転による転籍、婚姻による戸籍の編製など戸籍が新たに作られる事由により戸籍が作られ、閉じられる。

◆戸籍の改製などにより従前の記載事項が全て新しい戸籍に転載されるわけではないので、戸籍を遡って調査をする必要がある。

［堀川裕美］

2 住民票

Section

Scene

新田弁護士は、依頼者Ａさんから「知人にお金を貸したが返ってきません。初めはすぐに返すと言っていたのですが、何度も約束を破られ、ついには連絡がつかなくなってしまいました。自宅の住所を聞いていたので行ってみたら誰も住んでおらず、近所の人に尋ねたら、先日引っ越していったとのことでした。どのように相手方の住所を捜していったらよいのでしょうか」と質問されました。

どうしたらよいのでしょうか。

(1) 住民票等の記載事項

弁護士は、訴え提起を準備する過程で被告となる者の現住所がわからない場合など、住民票や戸籍の附票を必要とする場面が多々あります。そこで、住民票の記載事項やその取り寄せ方法などを見ていきましょう。

①　住民票

各市町村役場は、住民基本台帳法に基づき、住所関係、家族関係の証明など住民に関する事務処理を行うために、原則として個人を単位として、住民に関する一定の事項を記載した住民基本台帳を作成しているところ、この作成された記録を「住民票」といいます。

住民票には、次の事項が記載されています。

住民票の記載事項

- 氏名
- 出生年月日
- 男女の別
- 世帯主についてはその旨、世帯主でない者については世帯主の氏名および世帯主との続柄
- 戸籍の表示（本籍地と戸籍筆頭者）
- 住民となった年月日
- 住所およびその市町村の区域内において新たに住所を変更した者については、その住所を定めた年月日
- 新たに市町村の区域内に住所を定めた者については、その住所を定めた旨の届出の年月日および従前の住所
- 選挙人名簿に登録された者については、その旨
- 国民健康保険の被保険者である者、後期高齢者医療の被保険者、介護保険の被保険者、国民年金の被保険者については、その資格に関する事項で政令で定めるもの
- 児童手当の支給を受けている者については、その受給資格に関する事項で政令に定めるもの
- 住民票コード

②　住民票除票・改製原住民票

住民票に記載された住民登録が死亡や転出により抹消されている場合、その住民基本台帳から除かれた記録を「住民票除票」といいます。

また、世帯主の変更、記載事項の増加等により住民票が改製された場合の改製前の住民票のことを「改製原住民票」といいます。

住民票除票、改製原住民票の取得により、その保存期間内（5年）の住民票が除かれた原因事項（死亡・転出等）の年月日や、転出の場合には、転出先の住所地の記載から新住所地の手がかりを知ることができます。

③　戸籍の附票

戸籍の附票とは、戸籍単位にその戸籍に記載された人の住所を記載したもので、各人の住所が記載されない戸籍と住所（住民票上の住所）を結びつけるものとして、住民基本台帳法にもとづき作成されるものです。これを調査することによって、住所の変遷や現住所、住所を定めた年月日を知ることができます。

相続人調査の場合などでは、戸籍だけが判明して住所がわからない人が出てきますが、この戸籍の附票を取り寄せれば住所が判明します。

(2) 住民票等の取り寄せ方法

住民票等も、戸籍謄本等と同様、原則として本人または本人と同一世帯に属する者（以下「本人等」といいます）以外は、正当な理由のない限り、交付が認められません。

そこで、本人等が取り寄せる場合と弁護士が取り寄せる場合とに分けて、それぞれの方法を説明します。

①　本人等が取り寄せる場合

ア　請求先

住所地の市町村役場（郵送による請求も可能）

イ　必要書類

・住民票等の請求書（市町村役場窓口やホームページよりダウンロード可能）
・身分確認できる証明書（運転免許証、パスポートなど）
・（郵便による請求の場合）返信用封筒（郵券貼付）
・（代理人による請求の場合）本人の委任状
・手数料（郵便による請求の場合は、定額小為替で納めます）
300円（ただし、市町村により手数料が異なる場合があるので、事前に電話やホームページで確認をした方がよいでしょう）

なお、154～155頁に記載のとおり、マイナンバーカードを利用した取得も可能です。

②　弁護士が取り寄せる場合

弁護士が住民票等を取り寄せる場合には、日弁連が定めた様式の住民票の写し等職務上請求書により、職務上請求を用いることができる場合があります(住民基本台帳法12条の3第1項)。ただし、この方法により住民票等を取り寄せるには、業務の遂行に必要な場合に限られ、利用目的を明らかにしなければならないことに注意する必要があります。

所定の住民票等請求用紙の購入方法や取扱方法は、戸籍等請求用紙と同様です。

この方法により取り寄せる場合には、市町村所定の請求書の記載や身分証明書の添付は不要ですが、本人請求の場合と同額の手数料の納付が必要です。

Point

◆住民票等に何が記載されているかを確認する。

◆住民票には本籍の記載があるので、これを手がかりに戸籍謄本を取り寄せることができる。

◆どこに転居したかを知りたい場合、どのように住民票等を確認するかを把握する。

［堀川裕美］

Coffee Break

行方不明者の探索

弁護士が事件処理をする中で、行方不明者にしばしば遭遇します。貸金の請求をしようとしたら借主が行方不明となっていた例、放置された土地の相続人を探索したら行方不明の相続人がいた例などです。こういうとき、貸金の例では、契約書に記載された住所の住民票を取り寄せ、転居先を追いかけますが、相続の例では、そもそも住所の手がかりすらありません。

このような場合には、当該対象者の戸籍謄本を取り寄せ、その本籍を頼りに市区町村役場から戸籍の附票を取り寄せます。貸金の例でも、転居が頻繁の場合には、本籍の記載がある住民票を請求して本籍を調査し、その後に戸籍の附票を取り寄せると、現在の住民登録をしている地が素早くわかります。また、住所の変遷も記載されていますから、これを探索作業の端緒とすることもあります。

ただ、住民票の届出をしないで行方をくらました場合には、書面の取り寄せでは手の打ちようがありません。最後の住民票上の住所に行って近所の人から聞き取りをする方法、親戚を探し出して尋ねる方法などによって調査をしていく必要があります。それでも探し出せないときは、不在者財産管理人の選任申立て、失踪宣告の申立てをすることになります。

（髙中正彦）

3 外国人住民票等

Section

Scene

新田弁護士は、高川弁護士の顧問先のA社長から「フランスへの進出を考えており、将来フランスを中心にビジネスを展開したいと考えて、あるフランス人のコンサルタントにいろいろと相談していました。ところが、コンサルタントの情報はでたらめで、コンサルタント料を返してほしいのですが、交渉しようとしても逃げてばかりいます。今もその外国人は日本で働いているようなのですが、勤務先がわかりません。給料などを差し押さえて何とか回収してほしいのですが、可能でしょうか」との相談を受けました。

外国人の勤務先はどのように調査すればよいのでしょうか。

(1) 外国人登録原票・外国人住民票の記載事項

① 外国人登録から住民登録へ

従前は、わが国に入国・滞在を許可されて90日以上日本に在留する外国人は、外国人登録法に基づき、身分関係および居住関係に関する情報が、市区町村が作成する登録原票に記載され保管されていましたが、平成24年7月、外国人登録法が廃止され、各市町村が保有していた外国人登録原票は、法務省入国管理局にて回収され保管されることになりました。

これに代わって、住民基本台帳法の改正により、観光などの短期滞在者を除いた適法に3か月を超えて在留する外国人であって、日本に住所を有する外国人（以下「外国人住民」といいます）についても、日本人と同様に、住民票が作成交付されることとなりました。

②　外国人登録原票の記載事項と外国人住民票の記載事項

弁護士として、回収された外国人登録原票記載事項について弁護士会照会を行うべきか、住民票の写しの交付を求めるべきかを判断するにあたり、両者にそれぞれ何が記載されているかを知っておく必要があります。

住民票	外国人登録原票
氏名	氏名
出生の年月日	出生の年月日
男女の別	男女の別
（世帯主である場合） 世帯主である旨 （世帯主でない場合） 世帯主の氏名および世帯主との続柄	国籍
住所（および転居をした場合はその住所を定めた年月日）	国籍の属する国における住所または居所
（転入をした場合） 住所を定めた旨の届出の年月日および従前の住所	出生地
国民健康保険の被保険者の資格に関する事項	職業
後期高齢者医療の被保険者の資格に関する事項	旅券番号
介護保険の被保険者の資格に関する事項	旅券発行の年月日
国民年金の被保険者の資格に関する事項	上陸許可の年月日
児童手当の受給資格に関する事項	在留の資格
米穀の配給に関する事項	在留期間
住民票コード	居住地
国籍等	世帯主の氏名
外国人住民となった年月日	世帯主との続柄
中長期在留者等である旨	（世帯主である場合） 世帯構成員全員の氏名・出生年月日・国籍・世帯主との続柄
在留カードに記載されている在留資格・在留期間・在留期間の満了の日・在留カードの番号等	本邦にある父母および配偶者の氏名・出生の年月日・国籍
通称の記載および削除に関する事項	勤務所または事務所の名称および所在地
その他政令で定める事項	

上記のとおり、国籍の属する国における住所または居所、出生地、職業、旅券番号、勤務所の名称・所在地などの情報は、外国人登録原票には記載がありますが、住民票にはこれらの記載がありませんので、これらの情報を確認するためには、外国人登録原票記載事項を弁護士会照会手続により照会する必要があります。

(2) 外国人登録原票の取り寄せ方法

住民票について、原則として本人または本人と同一世帯に属する者（以下「本人等」といいます）以外は、正当な理由のない限り、交付が認められないことは、既述のとおりです。

他方、外国人登録原票については、当該外国人登録原票に記載された個人情報の本人またはその法定代理人（以下「本人等」といいます）のみが開示請求することができ、任意代理人による請求は認められていません。

そこで、本人等が取り寄せる場合と弁護士が取り寄せる場合に分けて、それぞれの方法を説明します。

弁護士向けの「外国人登録原票記載事項職務上請求書」は使用できなくなり、平成24年7月以降は日本人と同様に「住民票の写し等職務上請求書」を使用することになっています。住民票等の写しの取り寄せ方法については、既に記述していますので、ここでは、外国人登録原票の取り寄せ方法のみを説明します。

①　本人等が請求する場合

ア　請求先（郵便による請求も可能）

出入国在留管理庁総務課情報システム管理室出入国情報開示係

〒160−0004　東京都新宿区四谷1−6−1　四谷タワー13F

電話：03−5363−3005

イ　必要書類

・開示請求書（出入国在留管理庁ホームページよりダウンロード可）

http://www.immi-moj.go.jp/news-list/foreigner.html

・写しの送付を希望する場合には、宛先を記載した返信用封筒と住民票写し

の原本（コピー不可）

・手数料　300円（収入印紙を請求書に貼付）

・本人確認書類（運転免許証、健康保険被保険者証、在留カード、住民票の写しなど。法定代理人の場合は、戸籍謄本（原本）、家庭裁判所の証明書など法定代理人の資格を証明する書類と運転免許証など法定代理人本人であることが確認できる書類のコピー）

②　弁護士が取り寄せる場合

外国人登録原票の情報が必要となったときには、弁護士法23条の2にもとづく照会をすることとなります。照会先は、東京入国管理局であり、他の入国管理局は担当せず、東京入国管理局のみが対応することとなっています。

照会申出書・照会事項書に加え、日弁連と法務省との協議により作成された書式を添付して、照会を行うこととされています。同添付書類の書式は、日弁連のホームページよりダウンロードすることができます（☞166頁）。

外国人の在留資格等を知る必要がある場合については、その必要性を詳細に記載して請求する必要があります。特に、住民基本台帳法30条の45に規定する区分のうち、「一時庇護許可者・仮滞在許可者」については、それがわかると難民申請をしていることが明らかとなり、その生命・身体の安全にもかかわる問題があり得ますので、慎重な取扱いがなされることとされています。

Point

◆平成24年から日本に住所を有する外国人には住民票が作成されることとなり、外国人登録原票は法務省入国管理局が保管することとなった。

◆外国人登録原票に記載された情報を確認するには、弁護士法23条の2にもとづき照会する。

［堀川裕美］

外国人登録原票　23条照会　書式

年　　月　　日

〒108–8255
東京都港区港南5–5–30
東京入国管理局長　　殿
（調査企画部門第一システム担当）

回収された外国人登録原票照会

住所
弁護士会名
会長名　　　　　　　　　　　　　公印
（電話番号
担当者名（フリガナ）　　　　　　　　　）

当会所属の弁護士から別紙のとおり申請がありましたので、弁護士法23条の2に基づき照会します。

【別　紙】

年　　月　　日

弁護士会名　　　　　　　会長　　　　　　　　殿

次のとおり、回収された外国人登録原票の照会を申請します。

手続に関する希望（該当するものにレ印をつけてください）

（1）照会先への照会書発送方法　　　　　□普通郵便　　□速達郵便

（2）回答書の受領方法　　　　　　　　　□郵送（□速達　□普通）　　□来会

氏名　　　　　　　　　　　（職印）

登録番号

電話番号

<table>
<tr><td rowspan="8">照会に係る者の身分事項等[1]</td><td>国籍</td><td></td><td>性別</td><td></td></tr>
<tr><td>氏名[2]</td><td colspan="3"></td></tr>
<tr><td>生年月日</td><td colspan="3">西暦　　　年　　　月　　　日</td></tr>
<tr><td>原票の回収区分</td><td colspan="3">□　閉鎖　　□外登法廃止　　□その他（　　　　　）</td></tr>
<tr><td>閉鎖時又は回収時
の登録居住地</td><td colspan="3"></td></tr>
<tr><td>閉鎖日</td><td colspan="3">閉鎖日　　　年　　月　　日　　閉鎖事由</td></tr>
<tr><td>外国人登録証明書番号</td><td colspan="3"></td></tr>
<tr><td>在留カード又は
特別永住者証明書番号</td><td colspan="3"></td></tr>
<tr><td colspan="2">通常記載事項
（○をつけてください）</td><td colspan="3">氏名　・　生年月日　・　性別　・　国籍　・　世帯主の氏名
国籍の属する国における住所又は居所・世帯主との続柄
居住歴（□　請求期間：　年　月　日～　年　月　日
□　存在するものすべて
□　その他（　　　　　　　　　　）[3]）</td></tr>
<tr><td colspan="2">上記通常記載事項以外の特に開示を必要とする事項の請求[4]</td><td colspan="3">照会事項</td></tr>
<tr><td colspan="2">利用目的
（依頼者について該当するものにチェック）</td><td colspan="3">□　依頼者の権利を行使し、又は依頼者の義務を履行するために外国人登録原票の記載事項を確認する必要がある者
□　国又は地方公共団体の機関に提出する必要がある者
□　その他、外国人登録原票の記載事項を利用する正当な理由がある者</td></tr>
<tr><td colspan="2">利用目的の具体的内容</td><td colspan="3"></td></tr>
</table>

1　国籍、氏名、性別及び生年月日は必ず記載すること。その他の事項については判明している場合は記載するとよい。

2　中国人及び韓国・朝鮮人は漢字、その他の外国人は英字で記載する。

3　「その他」には、たとえば「○○市内のもののみ」など、限定事由等を記載すること。なお、多数のものを請求すると時間がかかることがある。

4　上記通常記載事項以外の事項とは、在留の資格、在留期間等旧外国人登録法4条1項1号、2号、8号から14号及び18号から20号までに挙げるものをいう。これらの事項を照会する場合には、できるだけ詳細に利用目的の内容を記載する。

Coffee Break

戸籍・住民票の職務上請求

士業が興信所等と結託して職務上請求書を用いて大量に戸籍謄抄本等の交付請求する等、戸籍・住民票を不正請求する事例が多発していたことを受け、2007年に戸籍法と住民基本台帳法が改正され、不正取得行為が刑罰の対象となり、弁護士をはじめとする士業が戸籍・住民票等を請求する要件が厳格に制限されました。

しかし、戸籍法・住民基本台帳法が改正された以降もこれらの不正取得が散見されたことにかんがみて、「本人通知制度」（戸籍謄本や住民票を本人以外の者が取り寄せたとき、その事実を事前に市町村へ登録した希望者に通知したり（事前登録型）、不正取得された場合にその事実を本人へ通知する（不正請求通知型）制度）を導入する市町村が増えてきています。業務上の必要性に問題のない職務上請求を行った場合でも、上記事前登録型の場合には、本人に交付した証明書の種類等の情報が通知されてしまうことには留意すべきでしょう。

また、職務上請求用紙の利用目的に事実と異なることを記載したり、職務上請求で取得した戸籍謄本や住民票を何らの注意もせずに漫然と依頼者にそのまま渡したりすることは、懲戒事由になり得ますので、避けるべきです。職務上請求は、弁護士が法律事務等の弁護士としての職務を行う場合に利用できるのであって、たとえば顧問会社から依頼されて同社の新規採用者の身元を調べるために戸籍を取り寄せることなどはできません。また、弁護士の事務職員への指示があいまいであったために、事務職員が利用目的欄に不実の事実を記載して職務上請求をしたことにより懲戒となった例もありますので、注意が必要です。

（堀川裕美）

第4章

公正証書の基礎知識

1 公証人と公正証書

Section

Scene

新田弁護士は、包括遺贈の受遺者Aさんから公正証書遺言に従った銀行預金の引出し業務を受任した高川弁護士に、公正証書遺言の正本を持ってくるように指示されました。ところが、新田弁護士は正本と謄本の違いを正確に理解していなかったため、Aさんから預かっていた公正証書遺言の謄本を持ってきてしまい、その日は引き出すことができませんでした。

公正証書の正本・謄本の違いなど、基礎的な事項はどうなっているのでしょうか。

(1) 公証人とは

①　公証人の職務と資格

公証人は、当事者その他関係人の嘱託に応じ、①法律行為その他私権に関する公正証書を作成すること、②私署証書の認証を与えること、③会社法、一般社団法人及び一般財団法人に関する法律にもとづき定款に認証を与えること、④電磁的記録に認証を与えることを職務とする公務員です（公証人法1条)。

公証人は、法務省令によって、その定員が管轄の法務局、地方法務局ごとに定められており、公証人は、いずれかの管轄の法務局、地方法務局に所属するものとして、法務大臣より任命され、公証人役場を設ける市区町村を指定されます。前任者を引き継ぐ場合は、そのように指定されます（公証人法10条)。公証人は、自身の管轄の法務局、地方法務局の管轄外で職務を行うことは、認められていません。

裁判官、検察官、弁護士になる資格を有する者は、無試験で公証人になる資格を有し（簡易裁判所判事、副検事を除く）、実際は、これらの資格を有する者（ほとんどが裁判官・検察官の経歴をもつ者であり、弁護士から公証人になった例はごく少数です）が法務大臣によって任命されています（公証人法13条）。また、これらの資格を有する者以外にも、これらに準ずる学識経験を有する者の中から選考によって任用されることがありますが、その例はほとんどないようです。

②　公証人の職務内容

公証人の主な仕事は、法律行為その他の私権に関する事実について公正証書を作成すること（公証人法1条1号）ですが、これ以外にも公証人には次のような仕事があります。

(a)　私署証書の認証

(b)　宣誓認証

(c)　定款の認証

(d)　確定日付の付与

公正証書を作成することが公証人の主な仕事であると思われがちですが、現実には、さまざまな仕事をしています。公証人の役割をよく理解し、訴訟、訴訟外を問わず、事件の内容に応じて利用することにより、仕事の処理の仕方に幅が出てきます。

(2)　公正証書とは

①　公正証書の種類

公証人が作成する公正証書は、その性質により次のように分類することができます。

ア　法律行為に関する公正証書

法律行為に関する公正証書は、財産法関係と身分法関係に大別されます。

法律行為に関して公正証書が作成される場合、公証人の面前で一定の内容の意思表示がなされたこと、あるいは法律行為が行われたという陳述がなされたことを録取するのであって、法律行為の効力や法的効果についての公証人の判断を記載するわけではありません。公証人は、無効な法律行為や無能力によって取り消すことのできる法律行為について公正証書を作成してはならないとされていますが（公証人法26条)、そのことは、公証人が公正証書を作成すれば、記載されている法律行為が有効であることを証明しているわけではないことを意味します。

イ　事実の検証に関する公正証書

公証人が目撃した状況、自ら実験した事実を書面に録取し、そのような事実が存在したことを公に証明するものです。

②　公正証書の一般的な作成方法

公正証書は、いずれもその作成を希望する者（嘱託人）の依頼、すなわち嘱託にもとづいて作成されます。公証人は、嘱託人から聴取した陳述や目撃した結果などをまとめ、証書に記載します。したがって、公正証書の作成を希望する場合は、嘱託人が公証人役場に出向くか、公証人に出向いてほしい場所（たとえば、病院や老人ホームなど）を管轄する公証人に連絡をし、直接面談をする必要があります。

公正証書は代理人によっても作成の嘱託ができますが、公正証書によって契約を作成する場合、契約当事者の双方を１人の代理人が代理することは認められません（債務弁済契約における債務者と保証人等利害対立がない場合は、この限りではありません)。また、公正証書遺言や尊厳死に関する公正証書など、代理人による作成が認められない場合があります。

作成の流れ

1.（各）嘱託人が公証人に対し、希望する種類の公正証書の作成を依頼します。

2. 作成依頼を受けた公証人は、（各）嘱託人から、希望する公正証書の内容を確認します。

※このとき、（各）嘱託人（あるいはその代理人）側から、希望する内容を、書面等で前もって伝えておく場合も多くあります。

3. 依頼内容を前提に、公証人が公正証書の文案を作成します。（各）嘱託人は、内容に誤りがないかを確認します。

4. 作成当日、（各）嘱託人（あるいはその代理人）が公証人役場に出向くか、公証人が（各）嘱託人の指定する場所に出張して、公正証書の内容を読み聞かせ、閲覧などをして確認し（各）嘱託人が署名、実印にて押印し、公証人も署名、押印します。

③　公正証書の原本・正本・謄本

ア　原　本

一般に原本とは、作成者が一定の内容を表現する目的で、確定的なものとして最初に作成した文書をいいますが、公正証書の場合には、契約などの内容の記載に続けて、（各）嘱託人、場合によっては証人や立会人が署名、押印をし、続けて作成者である公証人が署名、職印を押印して、原本が完成します。

原本は、当該公証人役場で厳重に保管され、特別の場合を除いては、役場外に持ち出すことが禁じられています（公証人法25条）。

イ　正　本

正本とは、原本の作成権限のある者により、原本と同じ効力を持たせるために原本にもとづいて作成される謄本の一種で、公証人によって作成されます。

原本の持ち出しが禁じられていることから、公証人役場以外の場所で公正証書を利用するには、正本を用います。強制執行を行うための執行証書、物権変動の契約における登記原因証明情報などには、正本を用いることになります。

正本は、(各）嘱託人またはその承継人の請求によってのみ、作成、交付することができます。

ウ　謄　本

謄本とは、原本の存在と内容を証明するために、原本の内容をそのまま写したものです。こちらも公証人によって作成されます。謄本は、正本と異なり、証書の趣旨につき、法律上の利害関係を有することを証明した者も、請求、交付を受けることができます。たとえば、相続人は被相続人の作成した公正証書遺言の謄本を請求することができます。

Point

◆訴訟の内外を問わず、公証人を上手に利用することで仕事の処理の仕方に幅をもたせることができる。

◆公正証書の原本は公証人役場から持ち出すことができないので、公正証書にもとづく強制執行や登記には正本を用いる。

［関　理秀］

2 公証人の役割

Section

Scene

新田弁護士は、交通事故の被害者Ａさんから、加害者に対する損害賠償請求事件の依頼を受け、訴えを提起しました。事故時の信号のサイクルが重要な争点の１つでしたが、争点に関して重要な証言を得られそうな目撃者がいました。しかし、その目撃者は海外赴任を控えており、証人尋問期日までは待てないし、裁判には出たくないと言っています。新田弁護士は、高川弁護士から、少しでも証明力の高まる陳述書の作成方法を考えるようにと指示されました。

新田弁護士はどうすればよいのでしょうか。

(1) 私署証書の認証

① 私署証書の認証とは

公証人は、文書の成立または記載が、正当な手続でなされたことを公の機関として証明する役割を負っています（公証人法1条2号)。

認証の対象は、私署証書の内容ではなく、証書になされた署名または押印の真正です。署名または押印の真正が公に証明されることで、文書の成立の申請が推定されることになります。

② 私署証書の認証の手続

私署証書の認証には、目撃認証（面前認証）と自認認証の2つの方法があります。

いずれの場合においても、面前の嘱託人（または代理人）が当該本人であることを確認するために、印鑑証明書と実印、運転免許証、旅券などを持参する必要があります。

〈目撃（面前）認証〉　嘱託人（＝署名者）本人による場合のみ

嘱託人が、認証を受けるべき私署証書（未だ署名、押印がなされていないもの）を公証人役場に持参する。

↓

公証人の面前で当該文書に署名または押印する。

〈自認認証〉　嘱託人（＝署名者）本人のほか、代理人によることも可能

嘱託人（または代理人）が、認証を受けるべき私署証書に嘱託人（＝署名者）本人の署名または押印をしたものを公証人役場に持参する。

↓

その署名または押印が本人のものであること（代理人による場合には、本人が自分の署名または押印であると認めていること）を公証人の面前で陳述する。

③　宣誓認証

宣誓認証制度とは、公証人法58条の2の追加により、新たに設けられた制度です。

公証人が私署証書に認証を与える場合において、当事者がその面前で証書の記載が真実であることを宣誓したうえで私署証書の認証の手続をとった場合に、公証人が、宣誓のうえでの署名または押印であることを認証文言として記載して認証をする制度です。

公証人の面前で、過料等の制裁（公証人法60条の5）がある旨の説明を受け、宣誓したうえで署名、押印したことが認証されることで、訴訟法上証拠としての証明力を高める効果があると考えられます。

訴訟上作成される陳述書において陳述者に健康不安があって証拠調べ手続に出延できないような場合などに、陳述書の証明力を高めるために利用することが考えられるでしょう。

(2) 定款の認証

株式会社その他の法人を設立するに際しては、発起人等の法人設立を企図する者が、定款等を作成する必要がありますが、この場合には、公証人の認証を受けなければなりません（会社法26条、30条1項など）。

定款の認証を取り扱うことができるのは、設立する法人の本店所在地を管轄する法務局または地方法務局に所属する公証人です。

定款の認証を受けるには、定款3通、発起人の印鑑証明書（発起人が個人の場合）、代理人において定款認証を申請する場合には委任状を持参して、公証人役場に行きます。

手数料は、令和3年4月現在5万円です。そのほかに、定款自体に貼付するために4万円の収入印紙が必要です。

(3) 確定日付の付与

確定日付とは、民法施行法5条に定める日付であり、公証人が付与するのは同条2号にもとづくものです。特定の内容をもった証書が当該確定日付を付与したその日付に存在していたことを証明するものです。債権譲渡の承諾書の交付を受けたときにその書面に公証人の確定日付をもらっておけば第三者に対抗することができます（民法467条2項）。文書の作成日が重要な書面についても公証人の確定日付をもらっておけば、あとでバックデートさせたなどのクレームを排除できます。

確定日付の付与は、嘱託人が公証人役場に対して請求し、公証人が証書に確定日付印を押捺して付与します。日付は請求当日の年月日になります。

確定日付の請求を受けた公証人は、確定日付簿に署名者の氏名と証書の件名を記載し、当該証書には登録番号を記入し、帳簿および証書に確定日付印を押捺し、その印章により帳簿と証書に割印をします。手数料は、令和3年4月現在1通あたり700円です。

Point

◆証拠保全のために私署証書の認証や宣誓認証を利用することが有用である。

◆文書の作成日が重要な書類については、確定日付をとっておけばバックデートさせて書類を作成したなどのクレームを排除することができる。

［関　理秀］

Coffee Break

条件成就執行文

法律効果を一定の事実の到来にかからしめる契約をすることは実務上よくあることです。たとえば、貸金契約や債務弁済契約（準消費貸借契約）の執行証書において債務者の債務を分割弁済とし、債務者が債務の履行を怠った場合に、期限の利益を債権者の請求によって喪失させることがこれにあたります（実務では「請求喪失」ということがあります。これに対して、債権者の請求を要せず当然に期限の利益が喪失するのが「当然喪失」です）。請求喪失の場合、期限の利益を喪失させて強制執行するには、債権者が債務者に通知する必要があります。

強制執行するには、執行文の付与を受け、執行証書が債務者に送達されていなければなりませんが、一定の事実の到来が執行の条件になっている場合の執行文を条件成就執行文といい、事実が到来したこと（期限の利益喪失通知が債務者に到達したこと）を公証人役場に示す必要があります。

この場合、注意が必要なのは、条件成就執行文の場合は、債務名義のほかに、事実が到来したことを示す文書の謄本も債務者に送達されなければならないということです（民事執行法29条）。期限の利益喪失通知の謄本が公証人役場から届けば、債務者は債権者が強制執行してくることを予期しますから、強制執行を隠密裏に行うことはできず、債務者による財産隠しなどにあうリスクが高くなります。

そのような点から時効の管理などの問題はあるものの、請求喪失ではなく、当然喪失の条項にしておくことにメリットもあります。

（市川　充）

3 公正証書の作成

Section

Scene

新田弁護士は、Ａさんから債権回収を依頼されました。Ａさんの話では、債務者は債務の存在を認めており、分割払いの方法についてもほぼ合意が調っているとのことでしたが、すぐに強制執行ができるようにするには、裁判所の手続が必要であると説明をしてしまったため、Ａさんに訴訟提起のための余計な費用をかけさせる結果になってしまいました。

新田弁護士はどうすべきだったのでしょうか。

(1) 執行証書

①　執行証書とは

執行証書とは、民事執行法22条5号にいう公正証書です。「金銭の一定の額の支払又はその他の代替物若しくは有価証券の一定の数量の給付を目的とする請求について公証人が作成した公正証書で、債務者が直ちに強制執行に服する旨の陳述が記載されているもの」と規定されています。

一般には、金銭の支払を目的とする請求権について作成されます。

②　執行証書作成の要件

ア　一定の額の金銭の支払を目的とする請求権についての公正証書

貸金の返還請求や売買代金の支払請求等、金銭の支払を目的とする請求に限られます。物の引渡しや不動産の明渡し、不動産の移転登記などについては、作成することはできません。物の引渡し、不動産の明渡しについて強制執行による裏付けを必要とするときは、裁判所に対して即決和解の申立てをします。なお、登記については、即決和解の対象外ですので、訴訟を提起するほかありません。

(ア)　請求権の特定

当事者、発生原因、給付内容（金額、弁済期、利息・遅延損害金の率）によって特定します。

(イ)　一定の金額の明示

金額が証書上明示されていることが必要であり、利息・遅延損害金については、利率、期限が定められていて、容易にその額を計算できるなど、証書自体で一義的に金額が確定できる必要があります。

イ　執行受諾文言

執行証書の要件として、債務者が直ちに強制執行に服する旨の陳述が記載されていること、すなわち、執行受諾文言があることが必要です。

執行受諾の意思表示は、私法上の法律行為ではなく、執行力が発生するという訴訟法上の効果が発生する、公証人に向けられた訴訟行為であると考えられています。

なお、分割払いの場合は、期限の利益喪失条項を入れておかないと有効に機能しないので注意が必要です。

執行受諾文言

乙（債務者）は、本公正証書記載の金銭債務を履行しないときは、強制執行をされても異議を申し立てないことを認諾する。

③　執行証書による強制執行の開始

執行証書により強制執行を開始するには、次の2つの要件を充足することが必要です。

(a)　執行証書の正本に執行文の付与を受けること（民事執行法25条）

(b)　執行証書の正本または謄本等があらかじめ執行を受けるべき債務者に送達されていること（民事執行法29条）

送達については、公証人役場において執行証書を作成する際に債務者に交付して、交付送達を完了させておくことが一般的です。

④　貸金業法上の規制

貸金業法20条の改正（平成19年施行）により、貸金業を営む者は、貸付けの契約について、債務者等（債務者または保証人をいいます）から、執行証書の作成を公証人に嘱託することを代理人に委任する内容の委任状を取得してはならないものとされました。これにより、債務者等からあらかじめ委任状を取得することにより委任を受けた形式をとって、貸金業者が執行証書を取得することはできなくなりました。

また、貸金業者が貸付けの契約について執行証書を作成する場合には、債務者等に対し、書面で説明することが義務付けられています。

(2) 定期借地権等

①　一般定期借地権

借地借家法22条にもとづく定期借地権とは、存続期間が50年以上の借地権の場合に、

(a)　期間が満了したときに契約の更新がないこと

(b)　建物の再築による存続期間の延長がないこと

(c)　建物の買取請求をしないこと

の特約をすることができるものです。

定期借地権を設定すれば、土地所有者において、当該期間経過後、その土地を別の目的に利用することができることが明確になり、将来の予定が立ちやすくなる利点があります。

定期借地権設定契約は、賃借人に適切な説明をするとともに、権利関係を明確にし、後日の紛争を予防するため、公正証書などの書面によることが要件とされています。したがって、必ずしも公正証書でなければならないわけではありませんが、公証人がかかわることで契約条項の確認などが容易なことから、公正証書の利用が多い契約の1つとなっています。

②　事業用定期借地権

借地借家法23条に規定する事業用定期借地権は、

(a)　専ら事業の用に供する建物の所有を目的とする場合において、存続期間を30年以上50年未満として借地権を設定する場合には、

(i)　期間が満了したときに契約の更新がないこと

(ii)　建物の再築による存続期間の延長がないこと

(iii)　建物の買取請求をしないこと

の特約をすることができるものです。

(b)　また、同じく、専ら事業の用に供する建物の所有を目的とする場合で、存続期間が10年以上30年未満である場合には、当然に

(i)　期間が満了したときに契約の更新がないこと

(ii)　建物の再築による存続期間の延長がないこと

(iii)　建物の買取請求をしないこと

になります（特約することができるということではありません）。

事業用定期借地権にも、一般定期借地権の設定と同様の利点があります。

事業用定期借地権の場合には、定期借地権の場合と異なり、契約は必ず公正証書によるべきものとされています（借地借家法23条3項）。

一般定期借地権、事業用定期借地権、いずれの契約も、これを公正証書によって契約をする場合、賃貸借契約の一般的な契約条項のほか、契約の目的、存続期間、上記3つの特約の有無などを明確にしておく必要があります。

(3)　定期建物賃貸借等

①　定期建物賃貸借

借地借家法38条にもとづく定期建物賃貸借契約は、新しく締結する借家契約について、当事者の自由な合意により選んだ契約期間を経過すれば、必ず賃貸借が終了し、正当な事由がなくても明渡しを求めることができるものです。

借地借家法29条にかかわらず、1年未満の期間を定めることも可能であり、また、たとえば20年を超える期間など、長期の期間を定めることも可能です。居住用・事業用を問わず、広さや家賃の高低なども関係ありません。

なお、既存の居住用の借家契約については、従来どおり正当事由の制度による借家権の保護が存続することになっており、中途から定期建物賃貸借契約に変更することはできない扱いになっています（良質な賃貸住宅等の供給の促進に関する特別措置法附則2条、3条)。

定期建物賃貸借契約は、賃借人に適切な説明をするとともに、権利関係を明確にし、後日の紛争を予防するため、公正証書による等書面によることが要件とされています。したがって、必ずしも公正証書でなければならないというわけではありませんが、公証人がかかわることで契約条項の確認等が容易なことから公正証書の利用が多い契約の1つです。

②　取壊し予定の建物の賃貸借

借地借家法39条では、法令（土地区画整理法など）または契約（定期借地権設定契約など）により、一定の期間を経過した後に建物を取り壊すべきことが明らかな場合において、建物の賃貸借をするときは、建物を取り壊すこととなる時に賃貸借が終了する旨を定めることができるものとされています。この場合、建物を取り壊すべき事由を記載した書面によって特約をしなければならないとされています。

これらの建物賃貸借の特約を定める場合にも、公正証書を利用することで、後日の紛争を可及的に防ぐことができます。

(4) 保証意思宣明公正証書

保証契約は書面でしなければその効力を生じないものとされ（民法446条2項)、全般に要式行為ですが、加えて、①事業のために負担した貸金等債務を主たる債務とする保証契約、②主たる債務の範囲に事業のために負担した貸金等債務が含まれる根保証契約は、保証人になろうとする者が、契約締結日前の1か月以内に作成された公正証書（保証意思宣明公正証書）により保証債務を履行する意思を表示していなければ効力が生じないこととされています（民法465条の6第1項)。ただし、保証人になろうとする者が①法人である場合、②法人である主債務者の理事、取締役、執行役その他当該法人と所定の関係にある場合、③個人である主債務者と共同して事業を行う者または主債務者が行う事業に現に従事している主債務者の配偶者である場合には、この限りではありません（民法465条の9）。

保証意思宣明公正証書の作成手順は以下のとおりです。

まず、債務者から保証人になろうとする者（保証人予定者）に対して保証委託がなされ、その際に債務者の財産及び収支の状況等に関する情報提供がなされます（民法465条の10）。

次に、保証人予定者は、公証人に保証意思宣明公正証書の作成の嘱託をし、それによって公正証書の作成日（保証契約締結予定日より遡って1か月以内の日）が決まります。その後に、保証人予定者から公証人に対して保証契約に関する資料等の提供がなされます。実務においては、公証人から、保証意思宣明書の提出が求められます。保証人予定者は、後掲の保証意思宣明書の書式に必要事項を埋めていきます（書式は日本公証人連合会のホームページからWordファイルをダウンロードできます）。

公証人との事前連絡、準備が終わると、保証人予定者は作成日に公証人役場に出頭します。保証人予定者は、保証意思宣明書を公証人に提出し、①主債務の債権者および債務者、②主債務の元本（具体的な金額を含む）と従たる債務についての定めの有無およびその内容、③主債務者がその債務を履行しないときには、その債務の全額について履行する意思を有していること（根保証の場合には、①のほか、②主たる債務の範囲、極度額、元本確定期日の定めの有無およびその内容、③主たる債務者がその債務を履行しないときには極度額の限度において元本確定までに生じる主たる債務の元本および従たる債務の全額について履行する意思を有していること）を口授して保証意思を宣明します（民法465条の6第2項1号）。口授とは口頭で述べることです。代理人による口授は認められませんので、公正証書の作成時は、保証人予定者本人が公証人の面前に出頭して口授する必要があります。保証人予定者の口授により、公証人は主債務の内容や主債務が履行されなければ自らが保証債務を履行しなければならないことを保証人予定者が理解しているかを確認します。公証人は、保証債務を履行できない場合のさまざまな不利益（たとえば、保証人予定者が所有する不動産や給与等に対する差押え）が生じ得ることを保証人予定者が具体的に理解しているかについても確認します。

連帯保証契約の場合には、債権者が主たる債務者に対して催告したかどうか等にかかわらず、その全額について履行する意思を有していることについても確認します。

また、事業のために負担する債務を主たる債務とする保証等の場合には、主債務者には、委託により保証人になろうとする者に対し、財産および収支の状況、主たる債務以外に負担している債務の有無ならびにその額および履行状況、主たる債務の担保として他に提供し、または提供しようとするものがあるときは、その旨およびその内容に関する情報を提供しなければならないこととされており（民法465条の10)、保証意思宣明公正証書が必要になる保証契約を締結しようとする場合には、主債務者から保証人予定者に対し、これらの情報提供が行われたかどうかについて、公証人から確認を求められます。

以上のとおり、公証人は保証人予定者が保証債務のリスクを理解しているかを確認し、それが確認できない場合は公正証書作成の嘱託を拒否することになります。

嘱託を拒否すべき事由がない場合には、公証人は、保証人予定者が口授した内容を筆記し、筆記した内容を保証人予定者に読み聞かせ、または閲覧させて、保証意思宣明公正証書の内容を確認させます。保証人予定者は、公正証書の内容が正確なことを確認した後に署名押印し、最後に公証人が当該証書に署名押印します。公証人が作成したものは原本となりますが、保証人予定者の請求により、保証意思宣明公正証書の写しである正本または謄本が交付されます。

保証意思宣明公正証書の作成手数料は、保証契約1件につき11,000円です。

(通常保証用)

保証意思宣明書

貴方が、これからしようとしている保証契約について、以下のことをお答え下さい。

1 当事者について	
(1) 債権者の住所・氏名 (法人の場合は法人名と代表者名)	住所 氏名《フリガナ》
(2) 主債務者の住所・氏名 (法人の場合は法人名と代表者名)	住所 氏名《フリガナ》

2 保証債務の内容について ※ (2)、(3)、(4)、(5) については、有・無の□に✓を入れ、有の場合は、その内容を記載して下さい。	
(1) 貸金等の元本額	円
(2) 利息の定め	□有・□無
(3) 違約金に関する定め	□有・□無
(4) 損害賠償(遅延損害金)に関する定め	□有・□無
(5) その他、保証すべきものの定め(上記の (1) ないし (4) 以外で、保証の対象となっているもの、例えば、契約締結費用等があれば記載して下さい。)	□有・□無

3 主債務者からの情報の提供について 主債務者は、保証人となることを依頼するときに、その依頼をする相手方に、①主債務者の財産及び収支の状況、②本件の主債務以外に負担している債務の有無並びにその額及び履行状況、③本件の主債務の担保として他に提供し、又は提供しようとするものがあるときは、その旨及びその内容に関する情報を提供しなければならないとされています。貴方は、主債務者から、このような情報の提供を受けたでしょうか。 下記 (1) 又は (2) のいずれかの□に✓をして下さい。提供を受けた情報の内容その他補足することがあれば右の欄に記載して下さい。	
□ (1) 情報の提供を受けた。 □ (2) 情報の提供を受けていない。	

4 保証債務を履行する意思について 保証人は、債務者が債務を履行しないときは、自ら、保証した債務の全額を履行しなければなりません。また、連帯保証の場合には、債務者が債務を履行しないときは、債権者が債務者に催告したかどうか、債務者が履行できるかどうか、又は他に保証人があるかどうかにかかわらず、その債務の全額を履行しなければなりません。このことを理解した上で保証しますか。 下記 (1) 又は (2) のいずれかの□に✓をして下さい。質問等があれば右の欄に記載して下さい。	
□ (1) 理解した上で、保証する。 □ (2) 理解が不十分なので説明してほしい。	

5 その他の事項(任意:質問等があれば記載して下さい。)

以上のとおり、相違ありません。

令和　　年　　月　　日

嘱託人　　住　所

氏　名《フリガナ》

生年月日(大正・昭和・平成)　　年　　月　　日生

出典:日本公証人連合会ホームページ(https://www.koshonin.gr.jp/business/b03_2)

（根保証用）

保証意思宣明書

貴方が、これからしようとしている根保証契約について、以下のことをお答え下さい。

1 当事者について	
（1）債権者の住所・氏名 （法人の場合は法人名と代表者名）	住所 氏名《フリガナ》
（2）主債務者の住所・氏名 （法人の場合は法人名と代表者名）	住所 氏名《フリガナ》

2 根保証債務の内容について	
（1）主たる債務の範囲	
（2）根保証契約の極度額	円
（3）元本確定期日の定めの有無	□有・□無（有の場合は、その内容を記載して下さい。）

3 主債務者からの情報の提供について	
主債務者は、根保証人となることを依頼するときに、その依頼をする相手方に、①主債務者の財産及び収支の状況、②本件の主債務以外に負担している債務の有無並びにその額及び履行状況、③本件の主債務の担保として他に提供し、又は提供しようとするものがあるときは、その旨及びその内容に関する情報を提供しなければならないとされています。貴方は、主債務者から、このような情報の提供を受けたでしょうか。 下記（1）又は（2）のいずれかの□に✓をして下さい。提供を受けた情報の内容その他補足することがあれば右の欄に記載して下さい。	
□（1）情報の提供を受けた。 □（2）情報の提供を受けていない。	

4 保証債務を履行する意思について	
保証人は、債務者が債務を履行しないときには、極度額の限度において、元本確定期日又は元本を確定すべき事由が生ずる時までに生ずべき、① 主たる債務の元本、②主たる債務に関する利息、③違約金、④損害賠償（遅延損害金）、⑤その他主たる債務に従たる全てのもの（契約費用等）の全額について履行しなければなりません。債務者と連帯して保証債務を負担する場合には、債権者が債務者に催告したかどうか、債務者がその債務を履行することができるかどうか、又は他に保証人があるかどうかにかかわらず、その全額について履行しなければなりません。このことを理解した上で根保証契約を締結しようとしていますか。 下記（1）又は（2）のいずれかの□に✓をして下さい。質問等があれば右の欄に記載して下さい。	
□（1）理解した上で、保証する。 □（2）理解が不十分なので説明してほしい。	

5 その他の事項（任意：質問等があれば記載して下さい。）

以上のとおり、相違ありません。

令和　　年　　月　　日

嘱託人　　　住　所

氏　名《フリガナ》

生年月日（大正・昭和・平成）　　年　　月　　日生

出典：日本公証人連合会ホームページ（https://www.koshonin.gr.jp/business/b03_2）

(5) 事実実験公正証書

① 事実実験公正証書とは

事実実験公正証書とは、公証人が、嘱託人の依頼により、特定の物、場所、装置、現象などを目撃、見分し、あるいは関係者の供述を聴取し、その経緯および内容、結果を公正証書に記載するものです。検察官が作成する検証調書や供述調書に類似するものということができます。証拠を保全する目的で作成されることがほとんどです。

② 貸金庫の開扉についての事実実験公正証書

貸金庫は、金融機関が付随業務として、店舗に備え付けられた金庫を借主に有償で貸与し、貴重品などを預かるものです。貸金庫の種類にはさまざまなものがありますが、通常は、借主が貸金庫の正鍵を保管するほか、合鍵を銀行に預けており、銀行は厳封した状態でこれを保管しています。

この貸金庫の使用関係は、賃貸借契約と考えることができます。借主以外の者が貸金庫を開扉する必要が生じた場合に、その内容物の状況を正確に把握し、証拠を保全し、手続の適法性を確保する手段として、事実実験公正証書が利用されます。

借主以外の者が貸金庫を開扉する必要が生じる場合としては、次のようなものがあります。

(a) 借主の債務不履行（貸金庫の利用料の未払いなど）により、貸金庫を開扉する場合

(b) 貸金庫の借主が死亡し、遺言書の存否、遺産の確認のために開扉する場合（金融機関によっては、相続人全員の開扉申出と立会いを求められることがあります）

(c) 貸金庫の借主が死亡して遺言がある場合において、遺言執行者が権限にもとづいて開扉する場合

公証人は、銀行に開扉権限があることを確認したうえで、

(i) 銀行が保管している合鍵の保管状況、このときまでに合鍵が厳封されていたことを確認し、

(ii) 貸金庫が施錠されている状況、これを開扉した状況、収納箱の状況を確

認し、

(iii)　収納品の有無、その品目、数量、これを確認するための措置などを記録し、以上を記載した事実実験公正証書を作成します。

③　その他の事実実験公正証書

その他にも、事実実験公正証書は、次のような場合に利用することができます。

(a)　知的財産権関係では、侵害物件、侵害事実の証拠保全に利用する場合、特許法にもとづく先使用事実の証拠保全に利用する場合など

(b)　不動産占有者の退去後の状況を保全する場合

(c)　株主総会等の議事進行を記録する場合

(d)　尊厳死宣言の供述を記録にする場合

(e)　関係者の記憶が鮮明なうちに記憶を保存するための供述調書を作成する場合

(6) 任意後見契約公正証書

任意後見契約とは、本人の判断能力が低下する前に、事前に本人と任意後見人になる予定の者が、将来本人の判断能力が不十分になった場合に備えて締結するものです。本人の判断能力が不十分になったら、関係者が家庭裁判所に対し、任意後見監督人の選任申立てをし、爾後、任意後見人になる予定の者にあらかじめ契約で定めていた身上監護や財産管理に関する後見事務を開始させることになります。

任意後見契約の締結は、法務省令で定める様式の公正証書によらなければならないとされています（任意後見契約に関する法律3条)。

任意後見契約書　書式例

任意後見契約書

委任者○○○○（以下「甲」という。）と受任者○○○○（以下「乙」という。）は、本日、次のとおり任意後見契約を締結した。

(契約の趣旨)

第1条　甲は、乙に対し、任意後見契約に関する法律に基づき、同法第4条第1項所定の要件に該当する状況となった場合における甲の生活、療養看護及び財産の管理に関する事務（以下「後見事務」という。）を委任し、乙はこれを受任する。

(契約の発効)

第2条　前条の契約（以下「本契約」という。）は、任意後見監督人が選任されたときからその効力を生ずる。

2　本契約締結後、甲が任意後見契約に関する法律第4条第1項所定の要件に該当する状況（精神上の障害により事理を弁識する能力が不十分な状況）になったときは、乙は、家庭裁判所に対し任意後見監督人の選任を請求しなければならない。

3　本契約効力発生後における甲と乙との間の法律関係については、任意後見契約に関する法律及び本契約に定めるもののほか、民法の規定に従う。

(委任事務の範囲)

第3条　甲は乙に対し、別紙「任意後見代理権目録」記載の後見事務（以下「本件後見事務」という。）を委任し、その事務のための代理権を付与する。

(身上配慮の責務)

第4条　乙は、本件後見事務を処理するに当たっては、甲の意思を尊重し、かつ、甲の身上に配慮するものとし、その事務の処理のため、適宜甲と面接し、ヘルパーその他日常生活援助者から甲の生活状況につき報告を求め、主治医その他医療関係者から甲の心身の状態につき説明を受けることなどにより、甲の生活状況及び健康状態の把握に努めるものとする。

（証書等の保管等）

第5条　甲は乙に対し、本件委任事務の処理に必要と認める範囲で、適宜の時期に、次の証書等を引き渡す。

実印、銀行印、印鑑登録カード、住民登録カード、預貯金通帳、年金関係書類、各種キャッシュカード、有価証券、その預かり証、不動産賃貸借契約等の重要な契約書類、その他本件委任事務の処理に必要な一切の書類

2　乙は、前項の証書等の引渡しを受けたときは、甲に対し、預かり証を交付してこれを保管し、右証書等を本件委任事務処理のために使用することができる。

3　乙は、本契約の効力発生後、甲以外の者が前項記載の証書等を所持しているときは、その者からこれらの証書等の引渡しを受けて、自らこれを保管することができる。

（費用の負担）

第6条　乙が本件後見事務を処理するために必要な費用は、甲の負担とし、乙は、その管理する甲の財産からこれを支出することができる。

（報酬）

第7条　甲は乙に対し、本件委任事務処理に対する報酬として毎月末日限り金○○円を支払うものとし、乙はその管理する甲の財産からその支払を受けることができる。

（報告）

第8条　乙は、任意後見監督人に対し、3か月ごとに、本件後見事務に関する次の事項について、書面で報告する。

①　乙の管理する甲の財産の管理状況

②　甲の身上監護につき行った措置

③　費用の支出及び使用状況

2　乙は、任意後見監督人の請求があるときは、いつでも速やかにその求めら

れた事項につき報告する。

(契約の解除)

第9条　任意後見監督人が選任される前においては、甲または乙は、いつでも公証人の認証を受けた書面により、本契約を解除することができる。

2　任意後見監督人が選任された後においては、甲または乙は、正当な事由がある場合に限り、家庭裁判所の許可を得て、本契約を解除することができる。

(契約の終了)

第10条　本契約は、次の場合に終了する。

①　甲または乙が死亡しまたは破産したとき。

②　乙が後見開始の審判を受けたとき。

③　甲が後見開始、保佐開始または補助開始の審判を受けたとき。

以上のとおり任意後見契約が成立したことを証するため、甲と乙は記名押印のうえ各1通を保有する。

令和○年○○月○○日

住所

(甲)　○ ○ ○ ○ ㊞

住所

(乙)　○ ○ ○ ○ ㊞

任意後見代理権目録　書式例

任意後見代理権目録

1　甲に帰属する財産（不動産を含む。）およびその果実の管理、保存、処分、変更に関する事項
2　甲に帰属する預貯金の管理、振込依頼、払戻し、口座の変更、解約、新たな預貯金口座の開設、貸金庫契約、保護預り契約その他の一切の取引に関する事項
3　家賃、地代、年金・障害手当金等の社会保障給付その他の定期的な収入の受領に関する事項
4　公共料金、保険料、福祉関係施設利用料、福祉サービス費用、介護費用その他の定期的な費用の支払およびこれに関する諸手続に関する事項
5　生活費の送金、日用品その他の生活に必要な機器・物品等の購入等に関する事項
6　下記の証書その他の証書等の保管およびその使用に関する事項
・実印、銀行印、印鑑登録カード
・年金証書（厚生年金）
・国民健康保険証、介護保険証
・証券、各種保険証書
7　委任者が相続人または受贈者である場合における遺産分割、相続の承認・放棄、贈与・遺贈の拒絶、負担付贈与または遺贈の受諾に関する事項
8　保険契約の締結、変更および解除、保険金の請求および受領に関する事項
9　介護契約（介護保険制度における介護サービスの利用契約、ヘルパー・家事援助者等の派遣契約等を含む。）の締結、変更および解除、要介護認定の申請および認定に関する承認または異議申立、介護契約以外の福祉サービスの利用契約の締結、変更および解除、福祉関係施設への入所に関する契約（有料老人ホームの入居契約を含む。）の締結、変更および解除、福祉関係の措置（施設入所措置等を含む。）の申請および決定に関する異議申立に関する事項
10　医療契約の締結、変更および解除、病院への入院に関する契約の締結、変更および解除ならびに医療費等の支払に関する事項

11　住民票、戸籍謄本、登記事項証明書その他の行政機関の発行する証明書の請求等の手続に関する事項
12　登記、供託の申請、税金の申告・納付・還付請求・還付金の受領に関する事項
13　裁判外の和解（示談）、行政機関に対する不服申立およびその手続の追行、弁護士に対する訴訟行為および民事訴訟法第55条第2項の特別授権事項の授権に関する事項
14　以上の各事項に関する復代理人の選任、事務代行者の指定に関する事項
15　以上の各事項に附帯関連する一切の事項

以上

(7) 公正証書遺言

遺言は、遺言者による単独の法律行為です。遺言者の最期の意思が表示されている書面であり、厳格な要件のもとでその効力が発生することになっています（民法960条）。

法律上認められている遺言の形式には、普通方式として3種類（民法967条）、特別方式として4種類（民法976条から979条）がありますが、ここでは、普通方式の中で、弁護士が公証人を利用して作成する遺言として、最もポピュラーな公正証書遺言（民法969条）について概説します。なお、平成31年1月施行の改正民法により、自筆証書遺言の方式の要件が緩和され、また、令和2年7月施行の改正民法により、自筆証書遺言書の保管制度が創設されましたが、これについてはCoffee Break（☞200頁）で触れていますので、参考にしてください。

①　遺言を作成したい旨を公証人に申し出る

遺言を作成したいという人が法律相談にきた場合には、法律上認められている遺言の方式についてその作成手続と利害得失（自筆証書遺言は改正民法によって要件がある程度緩和されたものの、なお要件不備による無効のリスクがあること、検認手続が必要なことなどがデメリットですが、費用がかからないこと、秘密が保持されることなどのメリットがあります。公正証書遺言は、ほぼその反対です）を十分に説明したうえで、どの方式の遺言の作成を希望するか、相談者の希望を聞きます。

公正証書遺言の作成を希望した場合で、その相談者が公証人役場に出頭できると思われるときには出頭可能な公証人役場に、相談者の体調などにより公証人に出張を求める必要があるときには出張を求める場所（病院など）との距離などを参考にその地域を管轄する公証人役場に、それぞれ連絡し、自分の相談者で遺言を作成したい者がいる旨を伝えます。もちろん本人から申し出てもらうこともできますし、遺言の作成に弁護士が関与しないこともありますが、弁護士が希望する遺言の内容などを既に聞き取っている場合、弁護士を介して、公証人に問い合わせをすると、より迅速に対応してくれることが多いでしょう。

ただし、遺言をしようとする者の推定相続人と緊密な関係があるなどの事情から、遺言者が死亡した後に、当該推定相続人から当該相続に関する法律相談を受けたり、当該相続に関する事件を受任したりする可能性がある場合には、遺言の作成に関与すべきか、慎重な判断が求められます。

②　遺言したい内容を公証人に伝える

相談者から遺言を作成したい旨の相談を受けた場合には、弁護士において、既に希望する遺言の内容などを聞き取っていることが多いものと思われます。

遺言は、遺言者の最期の意思が表示されるものですから、遺言者の意思を最大限尊重して作成するのは当然です。しかし、相談者の意思のみにもとづいてそのまま遺言を作成すると、相談者の死後に想定外の紛争を招くことがあります。

典型例としては、遺留分を考慮しないままに遺言を作成し、相続開始後に遺留分侵害額請求がなされて紛糾する場合があります。遺言者は、自分の死後に相続人間で無用な遺産の争いをさせないために遺言を作成するのですから、弁護士には、遺言を作成しようとする者に対して適切なアドバイスをすることが求められています。

弁護士との打ち合わせなどを経て、遺言をしたい内容が決まったら、その内容を公証人に伝えます。弁護士が遺言の文案を作成し、公証人との間で文言の修正のやりとりをして、完成させることが多いかと思います。

③　必要書類を準備する

遺言の作成には、遺言者の印鑑証明書（最終的には遺言自体に実印で押印することになります)、戸籍謄本、遺言の目的となる不動産の登記事項証明書などが必要になります。

戸籍謄本等は、弁護士においても、遺言者の親族関係を把握し、適切な助言をするうえで、確認しておくべきです。相談者は、ときに、親族関係について自身の認識している限度でのみ説明をしたり、重要な事実をことさらに話さないことがあります。戸籍を調べたら実は全く把握していない兄弟がいたなどという例もあります。法定相続分や遺留分の算定に慎重を期すためには、戸籍の確認は必須です。

そのほか、公証人の公正証書作成手数料算定（対象資産の資産価値によって定められます）のため、不動産の固定資産税評価証明書や、預貯金の通帳の閲覧等を求められることがあります。

④　立会証人２名を決める

公正証書遺言の作成には、証人２名の立会いが必要です。証人の欠格事由として推定相続人とその配偶者・直系血族があげられていますから（民法974条２号）、立会証人は、遺言者と親族関係にない人が無難です。このことを伝えて、２人の証人を選定するように指示しますが、なかなか見つからないという人もいますし、遺言内容を秘密にしたいから弁護士に作成を依頼したという人もいます。そのような場合には、相談を受けた弁護士やその事務所の事務職員を証人にすることがあります。弁護士に公正証書遺言を依頼すれば、証人の確保や秘密性の保持ができることは、弁護士側にとっては大きなセールス・ポイントにすることができます。

なお、証人には、人違いがないかどうかを確認する資料として、印鑑証明書などの提出を依頼されることもあります。

⑤　証人２名と共に公証人役場に行く

公正証書遺言の内容が確定し、必要書類が整い、また、証人２名が確保できたら、遺言者本人は実印、証人２名は認印を持参して、公証人役場に行きます。印鑑証明書などの必要書類は、事前に伝えておいた内容と誤りがないかどうか、よく確認をします。これを読み聞かせといいますが、言語機能障害、聴覚障害の方については、通訳人の通訳や、自書によって確認をすることになります。内容に誤りがないと確認できたら、遺言者が署名、押印、証人２名が署名、押印します。遺言者が病気などによって署名できない場合には、公証人がその事由を付記し、代わりに署名することがあります。

最後に、公証人が、当該遺言書を法律に定める方式に従って作成したことを付記したうえ、これに署名、押印して、遺言公正証書の原本が完成します。

なお、前述のとおり、遺言者の体調などにより公証人役場への出頭が困難な場合には、公証人に病院などへの出張を求めることができます（別途日当がかかります）。公証人に出張を求める場合には、証人2名も当該出張場所におもむくことになります。

完成した遺言公正証書原本に基づき、正本、謄本が作成されます。通常は、各1通ずつ作成されますが、別途手数料を支払えば、必要部数を発行してもらうことも可能です。前述のとおり、原本は、公証人役場で保管されますが、正本、謄本は、本人が保管することのほか、遺言執行者が保管する場合、利害関係人が保管する場合などがあります。

なお、令和3年4月現在の公正証書遺言の作成手数料は、評価1億円の遺産を配偶者に2分の1、子2人に4分の1ずつ相続させる遺言の場合で、8万6000円程度です。また、病院などに出張する場合は、手数料は約1.5倍となり、さらに日当（1日2万円、4時間までなら1万円）と交通費などの実費が必要となります。

Point

◆執行証書は、金銭債務について債務名義となるので有用である。

◆事業用定期借地契約の場合は、公正証書によることが必須であるが、一般定期借地契約や定期建物賃貸借契約の場合は、公正証書は必須ではない。

◆事業用の貸金を主債務として、当該事業と関係のない個人が保証契約を締結する場合、原則として公正証書で保証意思を宣明する必要がある。

◆証拠保全の方法として事実実験公正証書を作成することも有用である。

◆任意後見契約は公正証書によることが必須である。

◆公正証書遺言は、自筆証書遺言に比べて要件不備による無効のリスクが軽減され、検認手続も不要なので有用である。

［関　理秀］

Coffee Break

自筆証書遺言の要件緩和と自筆証書遺言書保管制度

自筆証書遺言は、その全文・日付・氏名の自書が求められるなど、形式要件が厳格で、遺言を作成しようとする者にとっては高いハードルになっていました。また、遺言者がいつでも自由に書き換えられ、誰にも知られずに作成できるというメリットはあるものの、遺言者の死亡後、自筆証書遺言の発見が遅れたり、遺言当時の遺言者の遺言能力が先鋭的に問題になったりと、問題点も多くありました。

従来の問題点を改善するため、平成30年7月、民法および家事事件手続法の改正と「法務局における遺言書の保管等に関する法律」が成立し、自筆証書遺言の形式要件緩和と、法務局における自筆証書遺言書保管制度の法改正が施行され、制度の運用が開始されました。

まず、自筆証書遺言については、何を誰に遺贈または相続させるかという記載など、遺言の本文については引き続き自書が要求されるものの、物を特定する財産目録については、各ページに自書にて署名、押印をすれば、パソコンで作成したもの、預金通帳のコピー、登記事項証明書のコピーなどでもよいこととされ、自書によらないでよいこととされました。法務省のホームページなどでは、それらを財産目録として利用する際の留意事項等が案内されています。

また、作成された自筆証書遺言については、遺言書保管所（全国の法務局の本局／支局）において外形的な確認をしたうえで、遺言書保管官に保管してもらうことを申請することができるようになりました。自筆証書遺言の保管を申請する場合、遺言者の住所地、遺言者の本籍地、遺言者が所有する不動産の所在地のいずれかを管轄する遺言書保管所あて、保管申請書を作成し、保管の申請の予約を取り、遺言書を封筒に入れず、ホチキス止め等もせずに持ち込みます。その際は、本籍の記載のある住民票の写し、運転免許証等本人確認書類と、手数料（1通3,900円）を持参します。保管の申請が受理されると、遺言書の保管証が手交され、以降、遺言者はいつでも遺言を閲覧できるようになり、また、いつでも撤回書等を提出して、遺言の撤回や届出事項の変更ができるようになります。

遺言者の死亡後は、法定相続人等は、全国の法務局において、遺言書の保管事実の有無につき、遺言書保管事実証明書の交付請求、保管されている場合は、遺言書の閲覧、遺言書の写し（遺言書情報証明書）の交付を受けることができるようになるのとともに、遺言書保管官から閲覧等をした者以外の法定相続人等に対しては、遺言の保管の事実が通知されます。

（関　理秀）

第5章

会計、不動産・株式評価、社会保険の基礎知識

1 会　計

Section

Scene

新田弁護士は、高川弁護士から「A株式会社から民事再生事件の依頼があったので、この直近3期分の決算書をよく読んでおくように」との指示を受けました。渡された決算書の貸借対照表や損益計算書を見ても、よく理解できません。弁護士に会計の知識はいらないと思い込んでいた新田弁護士は、途方に暮れてしまいました。しかし、明日には、A株式会社の社長と経理部長が事務所を訪れ、第1回目の打合せをする手はずとなっています。

新田弁護士は、どの程度の会計の知識を準備しておけばよいのでしょうか。

（1）計算書類の種類

①　会計知識の重要性

弁護士が業務を行う過程で、会計に関する基礎知識を要求される場面がかなりあります。たとえば、会社の再生手続を依頼されれば、貸借対照表・損益計算書をはじめとする計算書類を検討しなければなりませんし、遺産分割手続で遺産中に非上場株式があれば、株価算定のためその会社の計算書類を検討することが求められます。ほかにも、会社犯罪に関する刑事弁護をするときにも、会計に関する基本的知識が要求されるでしょう。

ところが、弁護士は、一般的に、会計と聞いただけで公認会計士や税理士のテリトリーであると即断し、敬遠しがちとなります。しかし、会計の初歩的用語すら理解していないというのでは、公認会計士や税理士との会話も成り立たないのであり、会計に関してしどろもどろの弁護士を見た依頼者は、その弁護士に対する信頼感が揺らぐのではないでしょうか。

そこで、会計に関する基本的な事柄を見ていきたいと思います。もっとも、会計というのは、財務諸表論・原価計算論・簿記論など幅広く、その全てを解説することはとうていできません。ここでは、弁護士が実務を行ううえで最も身近な財務諸表に絞って解説します。

② 会社法が定める計算書類

ご承知のように、会社は、決算期ごとに、計算書類、事業報告、附属明細書を作成することが義務づけられていますが（会社法435条以下）、その計算書類の中核をなすのは、貸借対照表と損益計算書という財務諸表です。前者は、会社の財政状態を明らかにするものであり、バランス・シート＝Balance Seat、略してB/Sと呼びます。後者は、会社の経営状態を明らかにするものであり、Statement of Profit and Loss、略してP/Lと呼びます。

なお、わが国では、企業経営の多角化・合理化の促進、海外への積極的進出などから、子会社を設立したり、M&Aによる子会社化を進める動きが顕著ですが、このような企業グループについては、個々の会社の財務諸表を見ただけでは会社全体の経済実態が把握できません。そこで、支配従属関係にある2つ以上の会社からなる企業グループを単一のものとみなして、親会社に対して、企業グループの財政状態と経営成績を総合的に開示することを求めています。これが連結財務諸表であり、連結貸借対照表・連結損益計算書・連結剰余金計算書・連結キャッシュフロー計算書・連結附属明細書からなっています。

なお、上場会社については、金融商品取引法により、有価証券報告書・半期報告書・四半期報告書の作成が義務付けられています。この有価証券報告書には、貸借対照表・損益計算書・キャッシュフロー計算書・株主資本変動等計算書が含まれます。このうち、キャッシュフロー計算書は、現金の増減とその理由を示すものであり、決算の期首にいくらの現金があり、期末にはいくら残っているかという現金の流れを知ることができます。株主資本変動等計算書とは、事業年度における純資産の変動を明らかにするものであり、主に株主に帰属する株主資本の各項目の変動事由を報告するために作成されます。

(2) 貸借対照表

①　貸借対照表の基本構造

貸借対照表は、文字どおり、会社が有する資産について、貸方＝負債の部と純資産（資本）の部および借方＝資産の部とを右左（貸方が右側・借方が左側）に分けて記載し、比較対照したものです。資産は、他人から借り入れた資金＝負債（他人資本）と株主の出資にかかる純資産（自己資本）とで形成されますから、資産の総額は、負債の額と純資産（資本）の額とを合計したものに等しくなります。

以下、モデルを示して解説します。

②　資産の部

資産の部は、大きく「流動資産」と「固定資産」の2つに分かれます。

ア　流動資産

流動資産は、1年内に回収される資産であり、当座資産と棚卸資産に分かれ、前者は、現金・預金・受取手形・売掛金などであり、後者は、商品・製品・原材料・仕掛品・貯蔵品などです。なお、当座資産と棚卸資産は、特に区分して記載しないことが多いといってよいでしょう。

流動資産のうちの当座資産は、換金性が高いという特色があり、これが多いことは、その会社の支払能力が高いことを示しています。棚卸資産は、一定の時期に保管中の棚から卸して数量を確定することから名付けられました。これには評価の問題が避けられませんが、原則としては、原価法すなわち取得したときの価額を記載することとなっています。

イ　固定資産

固定資産は、費用化・現金化するのに長期間を要する資産を指し、有形固定資産、無形固定資産、投資等の3つに分かれます。

有形固定資産は、文字どおり形のある固定資産であって、土地・建物・構築物・機械装置・車両運搬具、工具器具備品などです。土地以外のものについては、時間の経過とともに価値が減じていきますから、減価償却が必要となります。減価償却とは、耐用年数のある機械等について、購入した金額から耐用年数が経過したときの残存価格を差し引き、その額を耐用年数で割って購入費用

賃借対照表

（令和××年×月××日現在）

（単位：千円）

資産の部		負債の部	
科目	金額	科目	金額
流動資産	×××	**流動負債**	×××
現金及び預金	×××	支払手形	×××
受取手形	×××	買掛金	×××
売掛金	×××	一年内返済予定長期借入金	×××
商品	×××	リース債務	×××
製品	×××	未払金	×××
原材料	×××	未払費用	×××
仕掛品	×××	未払法人税等	×××
貯蔵品	×××	前受金	×××
前渡金	×××	預り金	×××
前払費用	×××	賞与引当金	×××
未収入金	×××	**固定負債**	×××
その他	×××	長期借入金	×××
貸倒引当金	×××	リース債務	×××
固定資産	×××	退職給付引当金	×××
有形固定資産	×××	長期未払金	×××
建物	×××	**負債合計**	×××
構築物	×××	**純資産の部**	
機械装置	×××	**株主資本**	×××
車両運搬具	×××	**資本金**	×××
工具器具備品	×××	**資本剰余金**	×××
土地	×××	資本準備金	×××
リース資産	×××	**利益剰余金**	×××
無形固定資産	×××	利益準備金	×××
のれん	×××	その他の利益剰余金	×××
商標権	×××	特別償却準備金	×××
ソフトウェア	×××	別途積立金	×××
投資その他の資産	×××	繰越利益剰余金	×××
投資有価証券	×××	**自己株式**	×××
関係会社株式	×××	**純資産合計**	×××
出資金	×××		
関係会社出資金	×××		
従業員に対する長期貸付金	×××		
関係会社長期貸付金	×××		
破産更生債権等	×××		
長期前払費用	×××		
差入敷金・保証金	×××		
その他	×××		
貸倒引当金	×××		
資産合計	×××	負債・純資産合計	×××

を按分する仕組みです。償却する方法としては、毎年一定の金額を償却する定額法、毎年一定の率をかけて償却する定率法などがありますが、新陳代謝の激しい現在では、建物を除き、定率法がとられることが多くなっています。

無形固定資産は、ソフトウェア・営業権・のれん・特許権・商標権などの法律上の権利を評価したものが中心となります。また、投資等は、子会社株式・投資有価証券・出資金・長期貸付金・敷金などです。投資有価証券は、長期の保有を目的としたものをいい、出資金とは、信用金庫への出資金、ゴルフ会員権などがこれにあたります。売買目的の有価証券などの金融資産については、市場価格を記載する時価法によります。

③　負債の部

負債の部は、大きく「流動負債」「固定負債」の２つに分けられます。

ア　流動負債

流動負債は、1年内の短期に支払うべき資金であって、買掛金・支払手形・未払金・未払費用・短期借入金（返済までの期間が1年以内の借入金）、前受金・預かり金などです。

イ　固定負債

固定負債は、社債・長期借入金などであり、返済に長期間を予定している負債を指します。

④　純資産（資本）の部

純資産（資本）の部は、「株主資本」「評価・換算差額等」「新株予約権」の3つに分けて記載される場合がありますが、株主資本の科目しかない会社が多く、その場合は、「資本の部」と表示されます。よく自己資本比率という言葉を聞きますが、これは、貸借対照表上の「資本の総額」（自己資本）を「負債の総額＋資本の総額」（他人からの資金調達）で除した率をいいます。自己資本比率が高いということは、それだけ内部留保があり、たとえば取引先の倒産に直面しても資金的に耐えることができるということになります。

純資産（資本）の部の説明は、紙幅の関係から省略します。

⑤ 引当金

なお、貸借対照表にはさまざまな「引当金」が計上されていることが多いのですが、これは、未だ支出または発生していない費用や損失を当期の収益に対応させるために計上されるものであって、現実のマイナスの資産や負債性があるわけではありません。なお、引当金には、評価性引当金と負債性引当金がありますが、前者は、貸倒引当金に代表されるように、売掛金等が倒産によって回収不能になる事態に備えるものであり、後者は、退職給付引当金・賞与引当金に代表されるように、将来の支払に備えるものです。

Coffee Break

非常貸借対照表

倒産事件を処理する過程で、「非常貸借対照表＝非常B/S」という用語が聞かれます。清算貸借対照表＝清算B/Sとも呼ばれますが、これは、資産の部を清算価値で評価しなおし、負債の部にも保証債務や解雇予告手当などの偶発債務を加えたものをいいます。

倒産事件では、債務超過が当然のことであり、債権者は、どの程度の配当があるかに関心が集中します。また、倒産事件を処理する弁護士も、清算型か再建型かの方針を見極めたり、債権者の了解を得るための資料として、非常貸借対照表は、ほとんど必須のものとなります。

これを作成するには、預金・売掛金・在庫商品などの流動資産については現実的な回収・換価可能性を吟味するため、経理担当者等の意見を聞いたり、いわゆるバッタ屋価格を調査したりして清算価値を決めます。固定資産のうちの機械装置・車両運搬具・建物などについては、高額の処分はほとんど見込めないといってよいでしょう。土地は、鑑定の時間がないことが多く、不動産業者の意見を徴することもあります。

（髙中正彦）

(3) 損益計算書

①　損益計算書の基本構造

損益計算書は、会社の経営成績、すなわち、どれだけ儲かったか(損をしたか)、どのようにして儲けたか（損をしたか）を示すものです。昔は、会社の善し悪しは、貸借対照表に重点を置いて判定しましたが、やがて会社の収益力に重点が移り、損益計算書の数字が注目されるようになりました。損益計算書は当該年度だけを見るのではなく過去3年程度のものを比較しながら見ることにより(比較損益計算書＝比較P/Lと呼びます)、その会社の現状の収益力をより正確に把握できるようになります。

損益計算書は、「売上総利益(損失)」「営業損益」「経常損益」「税引前当期損益」「当期純損益」に分かれますが、以下、モデルを示して説明します。

②　売上総利益

会社の売上高から売上原価を差し引いたものです。商品の販売を業とする会社ですと、売上高から商品の仕入金額と決算期末の商品在庫を差し引いた金額となります。なお、売上原価とは、売れた商品の仕入れや製造に要した費用のことで、商品が売れた際に計上される原価を指します。

③　営業損益

営業損益は、売上総収益から販売費と一般管理費を差し引いて算出します。販売費・一般管理費とは、役員手当・従業員の給与手当・地代家賃・広告費・輸送費・消耗品費・通信交通費などです。営業損益がマイナスですと、本業が儲かっていないということになります。

④　経常損益

経常損益とは、営業損益に営業外収益と営業外費用を加減して算出します。

営業外損益とは、営業活動に起因しない利益や費用をいい、営業外収益の代表的なものは、会社が保有する株式に対する配当金、その株式を売って得た利益（ただし、長期保有目的のものは特別利益となります)、子会社や社員に対

損益計算書

損　益　計　算　書

（自　令和××年×月××日
　至　令和××年×月××日）

売上高	×××
売上原価	×××
売上総利益　（→②）	×××
販売費及び一般管理費	×××
営業利益　　（→③）	×××
営業外収益	
受取利息	×××
受取配当金	×××
雑収入	×××
営業外収益合計	×××
営業外費用	
支払利息	×××
手形譲渡損	×××
雑支出	×××
営業外費用合計	×××
経常利益　　（→④）	×××
特別利益	
固定資産売却益	×××
投資有価証券売却益	×××
前期損益修正益	×××
特別利益合計　（→⑤）	×××
特別損失	
固定資産売却損	×××
減損損失	×××
災害による損失　（→⑤）	×××
特別損失合計	×××
税引前当期純利益　（→⑥）	×××
法人税、住民税及び事業税	×××
法人税等調整額	×××
当期純利益　（→⑥）	×××

する貸付金の利息などであり、営業外費用の代表的なものは、借入金の利息、手形の割引料（手形売却損）などです。

この経常損益は、その会社の1年間の活動結果を端的に表しています。営業利益がいかに多くとも、営業外の支払利息が多ければ経常利益は圧縮されるわけであり、その会社は借入過多と評価されることになります。

⑤　特別損益

会社には天災・人災などさまざまな突発事態が発生しますが、このような臨時または異常な損益や前期損益修正などを反映させるためのものです。固定資産（会社の遊休不動産など）を売却した結果発生した損益、損害賠償請求の裁判で敗訴した結果支払った金額なども、この特別損益に計上します。

⑥　税引前当期純損益と当期純損益

経常損益について特別損益を加減して算出されるのが「当期純利益」（または「当期損失」）です。当期純利益については、法人税・住民税・事業税を控除する前の税引前当期純損益とこれを差し引いた後の（税引後）当期純損益とが記載されます。

⑦　繰越欠損金

ここで、繰越欠損金について見ておきます。会社がある事業年度で赤字（欠損）を出した場合に、その額を次の年度に繰り越して黒字（課税所得）から差し引くことが認められていますが、この欠損金を繰越欠損金と呼びます。現在の法人税法では、繰り越せる期間は9年となっており、毎年度の黒字額の最大8割まで差し引くことができます。たとえば、令和2年3月期に30億円の赤字を出したとすると、その30億円を次年度に繰り越し、令和3年3月期に10億円の黒字を出したときにはその8割に当たる8億円を差し引き、残りの2億円に対して法人税が課税されることになります。繰越欠損金の額は22億円に減少しますが、これを令和4年3月期以降における黒字から差し引くことができるわけです。

会社の再建事件を取り扱うときには、この繰越欠損金のことを常に念頭に置かなければならないとされています。

(4) 附属明細書

附属明細書は、事業報告の附属明細書もありますが、貸借対照表の附属明細書が大切です。そこには、貸借対照表の資産の部・負債の部に記載された勘定科目の明細が記載されています。その記載内容について説明を求めたり証拠書類の提示を受けたりしながら丁寧にチェックしていくと、粉飾を見つけることがあります。

(5) 財務諸表の目のつけどころ

粉飾決算ということがよくいわれます。会社の倒産処理をする過程では、粉飾があるかどうかが大きな関心事となります。粉飾は、税金を不当に免れるため、金融機関から融資を受けるため、取引先の信用をつなぎとめるためなどの目的で行われますが、その手口は、実にさまざまです。粉飾を発見するためには、過去の財務諸表との比較が重要となります。

そして、誤解を恐れずにいえば、次のような場合には粉飾を疑ってよいのではないかと思います。

まず、貸借対照表について、買掛金の額に比較して商品・仕掛品の額が異常に多い場合、買掛金の額に比較して売掛金の額が異常に多い場合は、商品在庫・仕掛り中の物品または売掛金を膨らませている可能性があります。売上高から見て仕掛品や原材料が異常に多いときも、同じように、粉飾の可能性があります。

土地については、粉飾のおそれは少ないのですが、建物・構築物（塀など)・機械装置などの有形固定資産について、所定の減価償却をせずに帳簿価格を水増ししている場合も見られます。

負債については、あまり人為的操作を加えるような粉飾の手は伸びませんが、過小に記載していることがあり、その場合には、簿外債務があるということになります。

次に、損益計算書については、一般に売上高を少なくしたり、仕入原価を高くしたり、販売管理費を水増ししたりして利益を抑え、法人税などを免れる粉飾（いわゆる逆粉飾）がよく見られますが、売上高を高くし、利益が出ているように装う通常の粉飾もあります。

Point

◆貸借対照表は会社の資産内容を、損益計算書は会社の収益力を明らかにするものである。

◆過去３年分程度の損益計算書を比較することにより、その会社の現在の収益力を把握する。

◆財務諸表から粉飾決算を見つけることがある。

［髙中正彦］

Coffee Break

ROEとROA

企業の業績判断、特に収益力（利益を出す力）を判断する場合の指針として、ROE（自己資本利益率）があげられることがあります。Return on equityの略で、出資に応じた利益のことをいいます。（当期純利益）÷（自己資本）によって計算されるもので、株主から出資を受けた額がどの程度利益獲得に貢献したのか、つまり、経営者は株主から受けた出資をどの程度効率的に使って利益を生んだのかを示しています。

ROA（総資本利益率、Return on assets）は、（当期純利益）÷（総資産）によって算出されるもので、会社が保有している資産がどの程度利益獲得に貢献したのか、つまり、事業に投下されている資産を効率的に使って利益を獲得しているか、反対にいえば会社資産に無駄がないのかを示すものといってもよいでしょう。ROAがあるため、各社は無駄な資産を貸借対照表（バランスシート）から除外（オフ）するためにオフバランス化を図っています。

これ以外にも、売上高利益率（当期純利益÷売上高）、総資産回転率（売上高÷総資産）などさまざまな指標があります。企業経営とは、株主の出資金をいかにヒトやモノに投資してサービスやモノを生み出し、それを売ることによって利益をあげるかということですが、これらの指標を見てもその点がわかると思います。

（市川　充）

2 不動産評価

Section

Scene

新田弁護士は、離婚調停の財産分与に関する協議において、調停委員から「不動産の評価は固定資産評価額ベースで考えますか」と言われましたが、どのような評価方法を採用すると依頼者に有利に働くのかわからず、あたふたしてしまいました。

不動産の評価はどのようにするのでしょうか。

（1）不動産評価の場面

借地借家法上の賃料増減額請求、建物買取請求、離婚における財産分与、相続における遺産評価、倒産における事業譲渡代金の算定など、さまざまな場面において不動産の評価が必要となります。そのような場合に、固定資産評価額や路線価などを目安に簡易に計算することもありますが、専門家（不動産鑑定士）に鑑定評価を依頼することが必要になるときもあります。

弁護士は、裁判において不動産の鑑定評価を争う場合はもちろん、不動産鑑定士らと協働するにあたっても、不動産評価の基礎的な用語や仕組みを押さえていることが肝要です。

（2）土地の公的価格

土地の公的な価格には「公示価格」「基準地価格」「路線価」「固定資産評価額」の4つの種類があり、その用途や目的が異なります。

一般に、公示価格および基準地価格は、実際の取引価格の9割程度であることが多いと言われていますが、必ずしもそうとは限りません。路線価は、公示価格の8割程度、固定資産評価額は、公示価格の7割程度に評価されていると言われています。

①　公示価格

地価公示法にもとづいて、国土交通省が発表する全国の土地価格の基準値のことです。

土地の価格の取引価格の指標を示すとともに、公共事業の用に供する土地に対する適正な地価の形成に寄与することを目的としています。国土交通省の「土地鑑定委員会」が、全国の都市計画区域内に標準地を設定し、毎年1月1日時点の土地の正常価格を評価します。公示価格は、毎年3月下旬から4月初旬に官報で公示されます。

なお、正常価格とは、土地について、自由な取引が行われるとした場合におけるその取引において通常成立すると認められる価格をいいます（同法2条2項）。

②　基準地価格

各都道府県が、国土利用計画法施行令9条にもとづき、地価調査を実施し、毎年7月1日時点の標準価格を都道府県の公報に公示しています。

③　路線価

路線価とは、路線（道路）に面する標準的な宅地の1平方メートルあたりの価額のことで、千円単位で表示されています。課税価格、相続税、贈与税の算定基準となり、国税庁によって例年7月に1月1日時点の価格が公表されています。路線価図の検索方法については、国税庁HP（https://www.rosenka.nta.go.jp/docs/howtobrowse.htm）に記載のとおりです。また、その見方については、次頁を参照してください。

④　固定資産評価額

固定資産評価額は、固定資産税および都市計画税を賦課するための課税標準額を定めるもので、市町村が算定します。

路線価図の説明

路線価は、路線(道路)に面する標準的な宅地の1平方メートル当たりの価額(千円単位で表示しています。)のことであり、路線価が定められている地域の土地等を評価する場合に用います。

なお、路線価が定められていない地域については、その市区町村の「評価倍率表」をご覧ください。

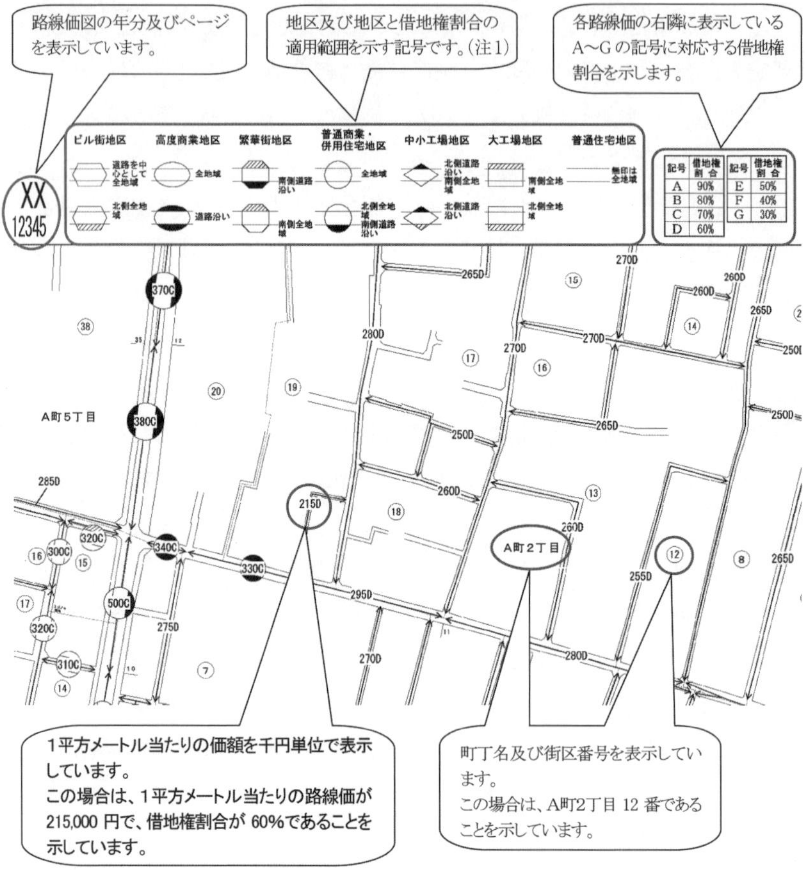

注1：記号の上部又は下部（路線の向きによっては右又は左）が「黒塗り」又は「斜線」で表示されている路線の地区区分は、次のとおりです。
「黒塗り」の場合、その地区区分は「黒塗り」側の路線の道路沿いのみが該当します。
「斜線」の場合、その地区区分は「斜線」側の路線には該当しません。
「黒塗り」又は「斜線」ではない「白抜き」の場合、その地区区分はその路線全域に該当します。

注2：相続税又は贈与税の申告に際し、路線価の設定されていない道路のみに接している宅地の評価をするために、特定路線価の設定の申出が必要となる場合があります。
詳しくは、「[手続名] 特定路線価設定申出書」をご覧ください。

計算例

(1) 一路線に面する宅地

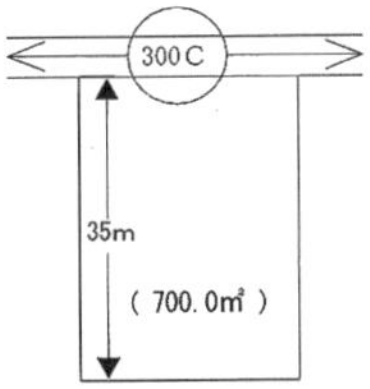

(普通商業・併用住宅地区)

1：自用地の価額

(路線価)		[奥行距離35mに応ずる奥行価格補正率]		(1平方メートル当たりの価額)
300,000円	×	0.97	=	291,000円

(1平方メートル当たりの価額)	(地　積)		(自用地の価額)
291,000円	× 700平方メートル	=	203,700,000円

2：借地権の価額

(自用地の価額)		(借地権割合)		(借地権の価額)
203,700,000円	×	70%	=	142,590,000円

(2) 二路線に面する宅地

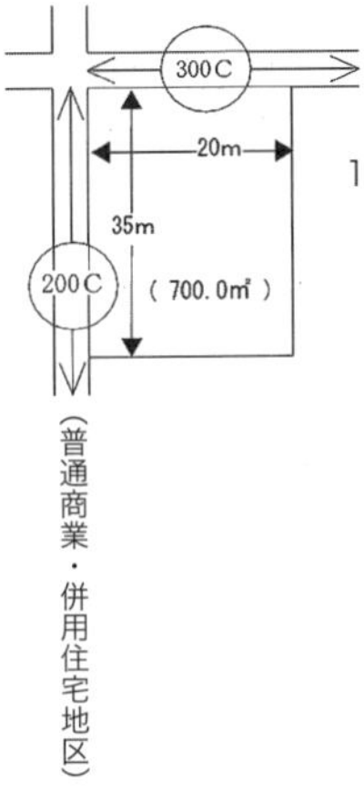

(普通商業・併用住宅地区)

1：自用地の価額

(正面路線価)		[奥行距離35mに応ずる奥行価格補正率]		(A)
300,000円	×	0.97	=	291,000円

(A)		(側方路線価)		[奥行距離20mに応ずる奥行価格補正率]		[側方路線影響加算率]
291,000円	＋	(200,000円	×	1.00	×	0.08)

(1平方メートル当たりの価額)
＝　307,000円

(1平方メートル当たりの価額)	(地　積)		(自用地の価額)
307,000円	× 700平方メートル	=	214,900,000円

2：借地権の価額

(自用地の価額)		(借地権割合)		(借地権の価額)
214,900,000円	×	70%	=	150,430,000円

(注) 平成30年分以降用の奥行価格補正率等により計算しています。

出典：国税庁HP（http://www.rosenka.nta.go.jp/docs/ref_prcf.htm）

(3) 不動産鑑定評価制度

土地もしくは建物またはこれらに関する所有権以外の権利の経済価値を判定し、その結果を価格に表示することを、不動産の鑑定評価（狭義）といいます（不動産の鑑定評価に関する法律2条1項）。

不動産の鑑定評価に関する法律は、昭和38年に制定され、不動産鑑定士等の制度を創設するとともに、不動産鑑定評価に関する業務の規制を図っています。そして、適正な不動産の鑑定評価のために、同法とは別に「不動産鑑定評価基準」が定められています。同評価基準は、法令ではないことから、不動産鑑定士等がこれを守らなければならない法的義務はありませんが、不動産鑑定評価の一定の水準として尊重されています。

(4) 不動産価格の鑑定評価の手法

不動産価格の鑑定評価の手法としては、「原価方式」「取引事例比較方式」「収益還元方式」の3つがあります。多くの不動産鑑定評価では、案件に即して適切な鑑定評価手法を採用し、これを適用します。原則として、3方式を併用する必要がありますが、どの方式に比重をおくかについては、案件に応じて定めることとなります。

① 原価方式

価格時点における対象不動産の再調達原価（対象不動産を価格時点において再び調達することを想定した場合において必要とされる適正な原価の総額）を求め、この再調達原価について減価修正（老朽化等の物理的要因や不動産の機能的陳腐化等の機能的要因、近隣地域の衰退等の経済的要因を加味して、金額を補正すること）を行って対象不動産の試算価格を求める手法です。この手法による試算価格を「積算価格」といいます。

再調達原価 × 減価修正 ＝ 積算価格

② 取引事例比較方式

まず多数の取引事例を収集して適切な事例の選択を行い、これらにかかる取引価格に必要に応じて事情補正および時点修正を行い、かつ、地域要因の比較および個別的要因の比較を行って求められた価格を比較衡量し、これによって対象不動産の試算価格を求める手法です。この手法による試算価格を「比準価格」といいます。

> 取引価格 × 事情補正 × 時点修正 × 地域要因比較 × 個別的要因比較
> ＝比準価格

③ 収益還元方式

対象不動産が将来生み出すであろうと期待される純収益（総収益から総費用を控除した金額）の現在価値の総和を求めるものであり、純収益を還元利回りで還元して対象不動産の試算価格を求める手法です。この手法による試算価格を「収益価格」といいます。賃貸用不動産または事業用不動産の価格を求める場合に有効です。

総収益は、賃貸用不動産においては、支払賃料に預かり金的性格を有する保証金等の運用益、権利金等の運用益および償却額ならびに駐車場使用料その他の収入を加えた額をいい、事業用不動産においては、売上高です。これに対し、総費用は、賃貸用不動産においては、減価償却費、維持管理費（維持費、管理費、修繕費等)、公租公課、損害保険料等の諸経費の合計額をいい、事業用不動産においては、売上原価、販売費および一般管理費等の合計額です。

> 純収益 ÷ 還元利回り ＝ 収益価格

(5) 賃料の鑑定評価の手法

賃料の鑑定評価方法をみるにあたっては、まず、支払賃料と実質賃料について理解する必要があります。

支払賃料とは、各支払時期に支払われる賃料をいいます。

実質賃料とは、賃貸人に支払われる全ての経済的な対価をいいます。式で表すと、次のとおりです。

実質賃料 ＝ 支払賃料 ＋ 共益費 ＋ 一時金の運用益 ＋ 一時金の償却益等

賃料の鑑定評価は、対象不動産について、賃料の算定の期間に対応して、実質賃料を求めることを原則としています。もっとも、賃料の算定期間および支払時期にかかる条件ならびに権利金、敷金、保証金等の一時金の授受に関する条件が付されている場合には、支払賃料を求めることもできます。

また、賃料の鑑定評価方法は、新規賃料についての鑑定評価であるか、継続賃料の鑑定評価であるかによって異なります。新規賃料とは、新たな賃貸借等の契約において成立するであろう経済価値を適正に表示する賃料のことをいいます。継続賃料とは、不動産の賃貸借等の継続にかかわる特定の当事者間において成立するであろう経済的価値を適正に表示する賃料をいいます。以下において、それぞれの賃料算出のための鑑定評価方法を見ていきます。

①　新規賃料の鑑定評価の手法

ア　積算方式

対象不動産について、価格時点における基礎価格（宅地の場合は更地価格、貸家およびその敷地の場合はその価格。原価方式および取引事例比較方式により求める）を求め、これに期待利回り（不動産を取得するために要した資本に相当する額に対して期待される純収益の、その資本相当額に対する割合）を乗じて得た額に必要諸経費等を加算して対象不動産の試算賃料を求める手法です。

イ　賃貸事例比較方式

まず多数の新規の賃貸借等の事例を収集して適切な事例の選択を行い、これらにかかる実際実質賃料（実際に支払われている不動産にかかる全ての経済的対価）に必要に応じて事情補正および時点修正を行い、かつ、地域要因の比較および個別的要因の比較を行って求められた賃料を比較衡量して、対象不動産の試算賃料を求める手法です。この手法による試算賃料を「比準賃料」といいます。

近隣地域または同一需給圏内の類似地域等において対象不動産と類似の不動産の賃貸借等が行われている場合に有効です。

ウ　収益分析方式

一般の企業経営にもとづく総収益を分析して、対象不動産が一定期間に生み出すであろうと期待される純収益（減価償却後のもの）を求め、これに必要諸経費等を加算して対象不動産の試算賃料を求める手法です。この手法による試算賃料を「収益賃料」といいます。

企業の用に供されている不動産に帰属する純収益の額を適切に求めることができる場合に有効です。

②　継続賃料の鑑定評価の手法

ア　差額配分方式

対象不動産の経済価値に即応した適正な実質賃料（または支払賃料）と実際実質賃料（または実際支払賃料）との間に発生している差額について、契約の内容、契約締結の経緯等を総合的に勘案して、当該差額のうち貸主に帰属する部分を適正に判定して得た額を実際実質賃料または実際支払賃料に加減して試算賃料を求める手法です。

イ　利回り方式

基礎価格に継続賃料利回りを乗じて得た額に必要諸経費等を加算して試算賃料を求める手法です。

ウ　スライド方式

従前賃料を定めた時点における純賃料に変動率（不動産価格の変動、公租公課の変動、物価変動等を総合的に勘案して求めます）を乗じて得た額に、価格時点における必要諸経費等を加算して試算賃料を求める手法です。

エ　賃貸事例比較方式

新規賃料にかかる賃貸事例比較方式に準じて試算賃料を求める手法です。

(6) 不動産鑑定評価の手順

不動産の鑑定評価にあたっては、下記のような手順をとることとされています（不動産鑑定評価基準）。したがって、不動産鑑定士に不動産の鑑定評価を依頼する際には、不動産鑑定士が以下の手順を踏むために必要な書類等を準備したり、日程調整することになります。

不動産鑑定評価の手順

① 鑑定評価の基本的事項の確定

依頼目的および条件を明確にします。

② 処理計画の策定

①により確定された基本的事項にもとづき、作業に係る処理計画を秩序的に策定します。

③ 対象不動産の確認

物的確認および権利の態様の確認に分け、実地調査、聴聞、公的資料の確認等により行います。

物的確認にあたっては、土地については所在、地番、数量等を、建物についてはこれらのほか家屋番号、建物の構造、用途等を、それぞれ実地に確認することを通じて、対象不動産の存否およびその内容を確認資料を用いて照合することとなります。また、登記簿等において登記または登録されている内容と実態との異同についても把握することとなります。

権利の態様の確認にあたっては、物的に確認された対象不動産について、当該不動産にかかる全ての権利関係を明瞭に確認することにより、確定された鑑定評価の対象となる権利の存否およびその内容を、確認資料を用いて照合することとなります。

④ 資料の収集および整理

鑑定評価に必要な資料は、おおむね次のように分けられます。

(a) 確認資料

不動産の物的確認および権利の態様の確認に必要な書類をいいます。登記簿謄本、土地または建物等の図面、写真、不動産の所在地に関する地図等があげられます。

(b) 要因資料

価格形成要因に照応する資料をいいます。一般的要因にかかる一般資料、地域要因にかかる地域資料および個別的要因にかかる個別資料に分けられます。

(c)　事例資料

鑑定評価の手法の適用に必要とされる現実の取引価格、賃料等に関する資料をいいます。建設事例、取引事例、収益事例、賃貸借等の事例等があげられます。

⑤　資料の検討

価格形成要因を分析するために、その資料が対象不動産の種類ならびに鑑定評価の依頼目的および条件に即応しているか否か検討します。

⑥　鑑定評価方式の適用

原則として、原価方式、取引事例比較方式および収益還元方式の3方式を併用すべきであり、対象不動産の種類、所在地の実情、資料の信頼性等により3方式の併用が困難な場合においても、その考え方をできるだけ参酌するように努めるべきものとされています。

⑦　試算価格または試算賃料の調整

⑧　鑑定評価額の決定

⑨　鑑定評価報告書の作成

Point

◆土地の公的価格には、公示価格、基準地価格、路線価、固定資産評価額の4つがあり、それぞれ目的が異なる。

◆不動産評価の手法には、原価方式、取引事例比較方式、収益還元方式がある。

◆賃料の鑑定は、新賃料と継続賃料の場合で評価の手法が異なる。

［西田弥代］

3 株式評価

Section

Scene

新田弁護士は、会社経営者である依頼者Ａさんの離婚調停において財産分与の額を協議していましたが、預金や不動産、自動車については頭にあったものの、相手方代理人から当事者が婚姻後に設立した会社の株式をどのように分与するかを聞かれ、株式の評価手法もわからず慌ててしまいました。

株式評価はどのようにするのでしょうか。

（1）株式の評価の目的

上場株式のように市場性のある株式の評価は市場価額によることが多いので問題になることはあまりありませんが、株式譲渡制限会社（非公開会社）の株式の評価については、市場性がないために、一義的ないし自動的に算定できるものではなく、弁護士が業務を行ううえでしばしば問題となります。

株式の評価方法にはいくつかの方式がありますが、まずは、それぞれ株式の評価を必要とする目的を明確にしたうえで、その目的に応じて、評価方法を検討します。

もっとも、税務評価のように、一定の計算方式が決められている場合には、その方式を前提とする必要があります。制度上の評価の場合は、特に公認会計士や税理士の意見の確認が重要となってきます。

①　税務目的

相続税の算定や贈与税の算定などのため、あるいは寄付金、贈与、不当な利益供与等に該当しないことの説明を確保するために、税務上の判断を考慮して行う場合があります。

取引相場のない株式に対する相続税の課税価格は、原則として「課税時期における財産の時価」とされています（相続税法22条）。そして、財産評価基本通達1（2）は、「時価」について、「財産の価格は、時価によるものとし、時価とは、課税時期……において、それぞれの財産の現況に応じ、不特定多数の当事者間で自由な取引が行われる場合に通常成立すると認められる価格」をいうものとしています。また、財産評価基本通達は、「取引相場のない株式」についていくつかの類型（同族株主の有無および会社の規模等）ごとに、株価評価の方法を定めています。原則的な評価方法としては、大会社は類似業種比準法、中会社は類似業種比準法と純資産法の併用法、小会社は純資産法で評価額が決せられます。

国税庁HPに、取引相場のない株式の評価についての通達をまとめたサイトがありますので、参照してください（http://www.nta.go.jp/taxes/shiraberu/taxanswer/hyoka/4638.htm）。

② 会計処理目的

ストックオプション発行費用にかかる評価などがあげられます。

③ 取引目的

株式譲渡、M&A、株式新規上場、第三者割当増資などにおいて、評価対象会社が自身で行うのはもちろんのこと、取引の相手方も、評価対象会社を別途評価することが多々あります。

④ 会社法上の評価目的

合併や事業譲渡の反対株主による株式買取請求（会社法798条2項、807条2項、470条2項）、株式譲渡制限を定める定款変更の反対株主による株式買取請求（同法117条2項）、定款に株式譲渡制限の定めがある会社で、株式の譲渡を希望する株主と会社または指定買取人との間で売買価格の協議が調わなかった場合（同法144条2項）における株式の評価が考えられます。

当該評価において、理論上は、株式について将来会社から与えられる配当などの経済的給付を予測してこれを現在価値に引き直すという配当還元方式（後述）が望ましいといわれていますが、仮定条件も多く予測が困難なため、裁判所はこの方法をほとんど採用しておらず、類似業種比準方式（後述）を採用することが多いといえます。

(2) 株式評価の手法

株式の評価方法については、それぞれの方式が相容れないわけではなく、いくつかの評価方法を併用して（事案に応じて各評価方式のウエイトを検討のうえ）評価額を算定することもあります。以下では、株式の主な評価手法の概要を見ていきます。

①　純資産方式

純資産方式は、一般に貸借対照表の純資産額を基準に計算します。

1株の評価額 ＝（資産 － 負債）÷ 発行済株式総数

他の手法と異なり、仮定条件が多くないため（特に無形資産等を考慮しない場合）、計算が簡明かつ客観性があるといえますが、企業の将来の収益力を十分に反映できないという欠点があります。

もっとも、上記のとおり簡明かつ客観性があるため、評価の基本手法として検討され、ほかの評価手法を採用する場合にも、まずは純資産法により評価を出すのが一般的です。特に、企業の買収、現物出資価格の評価、支配株主等の株式追加取得、清算会社の評価、相続や贈与の税額計算などの評価に利用されている会社清算を前提とする場合には、純資産法が中心的な評価方法となります。

純資産法には、次の手法があります。

ア　簿価純資産方式

資産、負債を簿価で評価する方式です。

簡明ではあるものの、簿価と資産、負債の時価とが乖離することが多々あること、会計上認識されていない無形の価値などが存在する場合があることから、実態とはかけはなれた価格になる可能性があります。

イ　時価純資産方式

(ア)　再調達時価純資産方式

評価対象会社の資産や負債を、新たに同状況で取得した場合を想定した手法です。新たに取得する場合の時価により評価することから、事業譲渡などを行う場合の株式評価に適していると考えられます。

(イ)　清算純資産方式

主に事業継続を前提としない場合に用いられる手法です。清算を前提に評価され、清算時に固有の発生費用も考慮されます。

②　DCF方式

企業の収益または利益に着目して、株式を評価します。将来発生するキャッシュフローを計算し、そのキャッシュフローの現在価値を求めます。

事業計画等により、評価対象会社のキャッシュフローを計算し、資本コストを割引率として割り引きます。さらに、非事業用資産の価値、借入金の価値などの諸要素を考慮したうえで、評価します。

将来獲得するであろう価値を評価対象とした評価方法であり、M&Aなど投資判断にかかる評価として、理論上は最適な評価ということができます。しかし、計算過程に将来収益の予測という不確実な要素が入ることが欠点です。

なお、「キャッシュフロー」とは、実際に得られた収入から外部への支出を差し引いて手元に残る資金の流れのことです。たとえば、利益＝売上－経費であることから、キャッシュフローの計算例としては、次のとおりとなります。

キャッシュフロー ＝ 利益 ＋ 減価償却費 － 支払税金 － 設備投資 － 増加運転資金
－（未回収の売掛金 ＋ 買掛金で残っている仕入れ……）

そして、「将来キャッシュフローの現在価値を求める」とは、将来受け取る100円と現在受け取る100円の価値は違うこと（たとえば、銀行に預け入れれば利息がつくこと）から、将来価値（キャッシュフロー）を割引率で割り引いて現在価値を計算することをいいます。

③　配当還元方式

原則として株主が受け取る配当に着目した評価方法です。

過去の配当実績などから、将来の配当を予測します。安定した配当を継続している会社で、配当の受領以外には積極的な期待がない少数株主の保有する株式の価値を評価する場合に採用されることが比較的多いといえます。しかし、無配会社あるいは配当政策が不明確な会社でこの方法を用いることはほとんど不可能です。

なお、相続税法上の配当還元法（財産評価基本通達により規定）では、過去の配当実績を資本還元率で割り戻しますが、資本還元率は一律に10%とされています。

④　類似会社比準方式

評価対象会社と業種、規模、収益などが類似した、株式市場で取引されている上場会社の株価を参考として評価を行う方式です。

上場会社の株価を参考としているため、上場を目指している企業や上場直前の企業の評価に用いられています。M&Aの場面で採用されることもあります。類似会社の選定が困難であり、恣意性が入りやすいという問題点があります。

⑤　類似業種比準方式

当該会社と業種が類似する上場会社の平均株価をもとに、配当金額、年利益金額、純資産価格を業種目ごとの平均値と比較して、株価を算出する手法です。相続税法に関する財産評価基本通達において計算方法が規定されており、各時点の比準計算に用いる類似業種のデータは定期的に国税庁から公表されます（令和2年分の類似業種比準価額計算上の業種目及び業種目別株価等について（法令解釈通達）https://www.nta.go.jp/law/tsutatsu/kobetsu/hyoka/r02/2006/index.htm）。

主に相続税および贈与税の計算のために利用される手法です（会社の規模等

により用いられる評価方式が異なることは前述のとおりです）。

配当、利益および純資産は、1：3：1の割合とされており、会社規模に応じた斟酌率（0.7～0.5）を乗じます。類似会社比準方式と同様、類似業種会社の選定が困難であり、恣意性が入りやすいという問題点があります。

Point

◆譲渡制限会社の株式の評価は、相続税等の税務目的、会計処理目的、売買等の取引目的、会社法の定める買取請求権等の目的などさまざまな場面で問題となる。

◆譲渡制限会社の株式の評価方法は、その目的によって手法が異なる。

［西田弥代］

Coffee Break

株式譲渡制限会社の事業承継

経営者は自社の株価に敏感だということをよく聞きます。ただ、これは株式を上場している会社のことです。経営者による会社経営によって企業価値が上がり、株価が上がればその会社に投資した株主は満足することになります。しかし、株式を上場していない会社の場合は、必ずしもこれと同じではありません。たしかに、会社の利益を上げることは重要ですが、企業価値が上がって株式の価値が上がることは株式譲渡制限会社、特に株主と経営者が一致している同族会社においてはよいことばかりではありません。譲渡制限会社の大株主に相続が発生した場合、株式の評価が高いと莫大な相続税が発生するからです。上場株式であれば、市場で売却して換価できます。しかし、非上場株式の場合、株式を換価することは容易でなく、しかも、評価の高い株式には多額の相続税が課されます。実はここに非上場会社の事業承継がうまく行かない最大の理由がありました。事業の承継者にオーナー所有の株式を生前贈与したり、来るべき相続のために自社株の評価を下げたり、オーナーの持株数を減らしたり、健全とはいえない対策がなされてきたこともありました。相続税の支払ができず清算に追い込まれた会社も少なくありません。このような事態を受けて、平成20年に事業承継税制が作られました。事業を承継した者がその事業を継続しているなど一定の要件を満たすことにより、相続税等の納付を猶予されるという制度です。平成25年には改正がなされ親族以外の承継者にも適用範囲が広がり、さらに平成30年の改正では、10年間の措置として、納税猶予の対象となる譲渡制限株式の制限（総株式数の最大3分の2まで）の撤廃や、納税猶予割合の引き上げ（80%から100%）等が創設されました。

（市川　充）

4 社会保険

Section

Scene

新田弁護士は、高川弁護士とともにA社の自己破産申立て案件を受任することとなりました。会社の債務一覧表の中に社会保険料が記載されていましたが、新田弁護士は、社会保険とは具体的に何を指すのか、なぜ会社が社会保険を支払わなければならないのかわからず、とまどってしまいました。

社会保険の仕組みはどうなっているのでしょうか。

(1) 社会保険とは

社会保険は、疾病、高齢化、失業、労働災害、介護などの事態が発生した場合に、一定基準の給付を行う公的な保険制度のことをいい、広義の社会保険には、医療保険・年金保険・雇用保険・労働者災害補償保険があります。また、狭義には、健康保険と厚生年金保険を合わせて社会保険ということがあります。企業事案において「社会保険」というと、狭義の意味で使用されていることが多いので、以下では、狭義の社会保険について見ていきます。

社会保険料の計算や受給手続のサポートは、社会保険労務士が専門とするところですが、弁護士としても、社会保険の加入義務の有無等については判断できるようになっておきたいですし、主な仕組みを理解していることが、社会保険労務士との協働、そして、倒産案件や（業務上災害にあたらない）交通事故案件などにおいても有用です。

(2) 保険者と被保険者

① 保険者

保険者とは、保険事業の経営主体として、保険料の徴収および保険給付等を行うものをいいます。

健康保険については、全国健康保険協会が管掌する全国健康保険協会管掌健康保険（以下「協会けんぽ」といいます）と健康保険組合が管掌する組合管掌健康保険（以下「組合健保」といいます）があります。

厚生年金保険については、保険者は政府で、その運営は日本年金機構が行っています。

協会けんぽと厚生年金の窓口は、各地域の年金事務所です。

②　被保険者

健康保険に関する被保険者とは、適用事業所に使用される者および任意継続被保険者のことをいい（健康保険法3条1項本文）、厚生年金保険に関する被保険者は、適用事業所に使用される70歳未満の者をいいます（厚生年金保険法9条）。一部の者については、適用除外の規定があります（健康保険法3条1項ただし書、厚生年金保険法12条）。また、法人の理事、幹事、取締役、代表社員および無限責任社員など法人の代表者または業務執行者であって、他面その法人の事務の一部を担任し、法人から、労務の対象として報酬を受けている者も、被保険者となります（平成24年7月28日保発第74号）。

(3)　健康保険と厚生年金保険

①　健康保険

主として民間企業に働く人を被保険者として、業務外の事由による疾病、負傷もしくは死亡または出産およびその被扶養者の疾病、負傷、死亡または出産により起きる不時の負担（出費）を軽減するための社会保険（医療保険）です（健康保険法1条）。業務上の病気、けがなどについては、労働者災害補償保険（労災保険）法や労働基準法による療養補償や休業補償などが適用されます。

健康保険の運営を行う保険者は、全国健康保険協会と健康保険組合です。健康保険組合は、同業種の複数の企業が共同で設立したり、単独で設立する場合などがあります。全国健康保険協会の保険料率は、都道府県単位で設定されていますが、健康保険組合の保険料率は、各健康保険組合が一定の範囲内で定めることになっています。

②　厚生年金保険

厚生年金保険は、被保険者の老齢、障害または死亡について保険給付を行うことを目的とするものです（厚生年金保険法1条）。

(4) 適用事業所

以下のいずれかの事業所においては、健康保険および厚生年金保険に絶対に加入しなければなりません（健康保険法3条3項、厚生年金保険法6条）。

(a)　法人事業所で常時従業員（事業主のみの場合を含む）を使用するもの

(b)　常時5人以上の従業員が働いている事務所、工場、商店等の個人事業所

ただし、5人以上の個人事業所であってもサービス業の一部（クリーニング業、理美容業、飲食店、弁護士業等）や農林水産業、漁業等は、その限りではありません。もっとも、令和4年10月から弁護士を含む士業については適用業種に加えられることになりました。

なお、法律上加入を義務付けられている事業所以外の事業所であっても、一定の要件を満たした場合は、申請のうえ、厚生年金等へ加入することができます。一度加入の認可を受けると、加入に同意しなかった従業員も含め全員が被保険者となります。

(5) 保険料

適用事業所が支払う保険料は、被保険者の月額給与や賞与をもとにした標準報酬月額、標準賞与額に保険料率をかけた額です。原則として、被保険者と事業者が折半して負担し、事業主が毎月保険者に納付します。

①　標準報酬月額

労働者の収入は、月によって異なることが多く、1か月ごとの計算をすると事務が煩雑になることから、いくつかの段階に分けた標準的な月額報酬の額を

定めており、これを標準報酬月額といいます。

ア　報酬とは

標準報酬月額の計算の基準となる「報酬」とは、賃金、給与、俸給、手当、賞与その他いかなる名称であるかを問わず、労働者が労働の対償として受ける全てのものをいいます。残業代や住宅手当、休業手当のほか、現物支給される食事や通勤定期券も報酬に入ります。ただし、臨時に受けるものおよび3か月を超える期間ごとに受けるもの（年3回まで支給される賞与等）は除かれます（健康保険法3条5項・6項、厚生年金保険法3条1項3号）。

現物支給されたものの金銭換算については、各都道府県ごとに標準価格が定められています。日本年金機構ホームページにある一覧表を確認ください（http://www.nenkin.go.jp/service/kounen/hokenryo/hoshu/20150511.html）。

イ　決定時期

標準報酬月額の決定のタイミングには、大別して、(ア)資格取得時の決定、(イ)定時決定、(ウ)随時改定の3つがあります。

(ア)　資格取得時の決定

従業員が被保険者の資格を取得したとき（主に入社したとき）に就業規則や労働契約などの内容にもとづいた報酬月額を届け出ます。資格取得日が1月から5月までの場合は当年8月まで、6月から12月までの場合は翌年8月まで効力があります。

(イ)　定時決定

毎年1回、事業主が7月1日になる前の3か月（4月、5月、6月）に支払った報酬月額（支払の基礎となる日数が17日以上あるもの）を提出し、その報酬総額をその期間の月数で除して得た額で標準報酬月額を決め直します。原則として当年9月1日から翌年8月31日まで適用されます。

(ウ)　随時改定

昇給や降給により、支払われる報酬月額が大幅に変動した場合に、事業主からの届出にもとづいて標準報酬月額を改定します。

固定的賃金に変動があり、継続した3か月間に支払われた報酬総額を3か月で除した額の標準報酬月額が、従前と2等級以上の差が生じたときに改定します。

㈤　等級と保険料

令和3年3月（令和3年4月納付分）からの東京都における標準報酬月額、等級、保険料については、次頁の表のとおりです（https://www.kyoukaikenpo.or.jp/~/media/Files/shared/hokenryouritu/r3/ippan/r30213tokyo.pdf）。

②　標準賞与額

総支給額の1,000円未満を切り捨てた額をもとに、保険料の算定を行います。この1,000円未満を切り捨てた額を標準賞与額といいます。

標準賞与額については、標準月額報酬と異なり、賞与額とほぼ比例して（1,000円未満切り捨てという意味でわずかな段状になっています）保険料が定められています。

(6)　保険給付

①　健康保険

健康保険については、疾病、負傷した場合、出産した場合、死亡した場合に、さまざまな種類の保険給付がなされます。治療や薬剤に限らず、看護費用や入院時の食事の一部、出産手当金や死亡時の埋葬料などがあります。

②　厚生年金保険

高齢（65歳）、障害、死亡について国民年金と厚生年金から給付があります。

老齢厚生年金については、老齢基礎年金に上乗せして支給されます。1か月でも厚生年金保険の被保険者期間があれば対象となります。障害厚生年金や遺族厚生年金も、基礎年金に上乗せして支払われますが、基礎年金とは対象範囲が異なります（基礎年金より対象が広くなっています）。

令和3年3月分（4月納付分）からの健康保険・厚生年金保険の保険料額表

・健康保険料率：令和3年3月分～ 適用　・厚生年金保険料率：平成29年9月分～ 適用
・介護保険料率：令和3年3月分～ 適用　・子ども・子育て拠出金率：令和2年4月分～ 適用

（東京都）　（単位：円）

標準報酬		報酬月額		全国健康保険協会管掌健康保険料				厚生年金保険料（厚生年金基金加入員を除く）	
				介護保険第2号被保険者に該当しない場合		介護保険第2号被保険者に該当する場合		一般、坑内員・船員	
等級	月額			9.84%		11.64%		18.300%※	
				全額	折半額	全額	折半額	全額	折半額
		円以上	円未満						
1	58,000	～	63,000	5,707.2	2,853.6	6,751.2	3,375.6		
2	68,000	63,000 ～	73,000	6,691.2	3,345.6	7,915.2	3,957.6		
3	78,000	73,000 ～	83,000	7,675.2	3,837.6	9,079.2	4,539.6		
4 (1)	88,000	83,000 ～	93,000	8,659.2	4,329.6	10,243.2	5,121.6	16,104.00	8,052.00
5 (2)	98,000	93,000 ～	101,000	9,643.2	4,821.6	11,407.2	5,703.6	17,934.00	8,967.00
6 (3)	104,000	101,000 ～	107,000	10,233.6	5,116.8	12,105.6	6,052.8	19,032.00	9,516.00
7 (4)	110,000	107,000 ～	114,000	10,824.0	5,412.0	12,804.0	6,402.0	20,130.00	10,065.00
8 (5)	118,000	114,000 ～	122,000	11,611.2	5,805.6	13,735.2	6,867.6	21,594.00	10,797.00
9 (6)	126,000	122,000 ～	130,000	12,398.4	6,199.2	14,666.4	7,333.2	23,058.00	11,529.00
10 (7)	134,000	130,000 ～	138,000	13,185.6	6,592.8	15,597.6	7,798.8	24,522.00	12,261.00
11 (8)	142,000	138,000 ～	146,000	13,972.8	6,986.4	16,528.8	8,264.4	25,986.00	12,993.00
12 (9)	150,000	146,000 ～	155,000	14,760.0	7,380.0	17,460.0	8,730.0	27,450.00	13,725.00
13 (10)	160,000	155,000 ～	165,000	15,744.0	7,872.0	18,624.0	9,312.0	29,280.00	14,640.00
14 (11)	170,000	165,000 ～	175,000	16,728.0	8,364.0	19,788.0	9,894.0	31,110.00	15,555.00
15 (12)	180,000	175,000 ～	185,000	17,712.0	8,856.0	20,952.0	10,476.0	32,940.00	16,470.00
16 (13)	190,000	185,000 ～	195,000	18,696.0	9,348.0	22,116.0	11,058.0	34,770.00	17,385.00
17 (14)	200,000	195,000 ～	210,000	19,680.0	9,840.0	23,280.0	11,640.0	36,600.00	18,300.00
18 (15)	220,000	210,000 ～	230,000	21,648.0	10,824.0	25,608.0	12,804.0	40,260.00	20,130.00
19 (16)	240,000	230,000 ～	250,000	23,616.0	11,808.0	27,936.0	13,968.0	43,920.00	21,960.00
20 (17)	260,000	250,000 ～	270,000	25,584.0	12,792.0	30,264.0	15,132.0	47,580.00	23,790.00
21 (18)	280,000	270,000 ～	290,000	27,552.0	13,776.0	32,592.0	16,296.0	51,240.00	25,620.00
22 (19)	300,000	290,000 ～	310,000	29,520.0	14,760.0	34,920.0	17,460.0	54,900.00	27,450.00
23 (20)	320,000	310,000 ～	330,000	31,488.0	15,744.0	37,248.0	18,624.0	58,560.00	29,280.00
24 (21)	340,000	330,000 ～	350,000	33,456.0	16,728.0	39,576.0	19,788.0	62,220.00	31,110.00
25 (22)	360,000	350,000 ～	370,000	35,424.0	17,712.0	41,904.0	20,952.0	65,880.00	32,940.00
26 (23)	380,000	370,000 ～	395,000	37,392.0	18,696.0	44,232.0	22,116.0	69,540.00	34,770.00
27 (24)	410,000	395,000 ～	425,000	40,344.0	20,172.0	47,724.0	23,862.0	75,030.00	37,515.00
28 (25)	440,000	425,000 ～	455,000	43,296.0	21,648.0	51,216.0	25,608.0	80,520.00	40,260.00
29 (26)	470,000	455,000 ～	485,000	46,248.0	23,124.0	54,708.0	27,354.0	86,010.00	43,005.00
30 (27)	500,000	485,000 ～	515,000	49,200.0	24,600.0	58,200.0	29,100.0	91,500.00	45,750.00
31 (28)	530,000	515,000 ～	545,000	52,152.0	26,076.0	61,692.0	30,846.0	96,990.00	48,495.00
32 (29)	560,000	545,000 ～	575,000	55,104.0	27,552.0	65,184.0	32,592.0	102,480.00	51,240.00
33 (30)	590,000	575,000 ～	605,000	58,056.0	29,028.0	68,676.0	34,338.0	107,970.00	53,985.00
34 (31)	620,000	605,000 ～	635,000	61,008.0	30,504.0	72,168.0	36,084.0	113,460.00	56,730.00
35 (32)	650,000	635,000 ～	665,000	63,960.0	31,980.0	75,660.0	37,830.0	118,950.00	59,475.00
36	680,000	665,000 ～	695,000	66,912.0	33,456.0	79,152.0	39,576.0		
37	710,000	695,000 ～	730,000	69,864.0	34,932.0	82,644.0	41,322.0		
38	750,000	730,000 ～	770,000	73,800.0	36,900.0	87,300.0	43,650.0		

※厚生年金基金に加入している方の厚生年金保険料率は、基金ごとに定められている免除保

39	790,000	770,000 ～ 810,000	77,736.0	38,868.0	91,956.0	45,978.0
40	830,000	810,000 ～ 855,000	81,672.0	40,836.0	96,612.0	48,306.0
41	880,000	855,000 ～ 905,000	86,592.0	43,296.0	102,432.0	51,216.0
42	930,000	905,000 ～ 955,000	91,512.0	45,756.0	108,252.0	54,126.0
43	980,000	955,000 ～ 1,005,000	96,432.0	48,216.0	114,072.0	57,036.0
44	1,030,000	1,005,000 ～ 1,055,000	101,352.0	50,676.0	119,892.0	59,946.0
45	1,090,000	1,055,000 ～ 1,115,000	107,256.0	53,628.0	126,876.0	63,438.0
46	1,150,000	1,115,000 ～ 1,175,000	113,160.0	56,580.0	133,860.0	66,930.0
47	1,210,000	1,175,000 ～ 1,235,000	119,064.0	59,532.0	140,844.0	70,422.0
48	1,270,000	1,235,000 ～ 1,295,000	124,968.0	62,484.0	147,828.0	73,914.0
49	1,330,000	1,295,000 ～ 1,355,000	130,872.0	65,436.0	154,812.0	77,406.0
50	1,390,000	1,355,000 ～	136,776.0	68,388.0	161,796.0	80,898.0

険料率(2.4% ～ 5.0%)を控除した率となります。

加入する基金ごとに異なりますので、免除保険料率および厚生年金基金の掛金については、加入する厚生年金基金にお問い合わせください。

◆介護保険第２号被保険者は、40歳から64歳までの方であり、健康保険料率（9.84%）に介護保険料率（1.80%）が加わります。
◆等級欄の（　）内の数字は、厚生年金保険の標準報酬月額等級です。
4（1）等級の「報酬月額」欄は、厚生年金保険の場合「93,000円未満」と読み替えてください。
35（32）等級の「報酬月額」欄は、厚生年金保険の場合「635,000円以上」と読み替えてください。
◆令和３年度における全国健康保険協会の任意継続被保険者について、標準報酬月額の上限は、300,000円です。

○被保険者負担分（表の折半額の欄）に円未満の端数がある場合
①事業主が、給与から被保険者負担分を控除する場合、被保険者負担分の端数が50銭以下の場合は切り捨て、50銭を超える場合は切り上げて１円となります。
②被保険者が、被保険者負担分を事業主へ現金で支払う場合、被保険者負担分の端数が50銭未満の場合は切り捨て、50銭以上の場合は切り上げて１円となります。
（注）①、②にかかわらず、事業主と被保険者間で特約がある場合には、特約に基づき端数処理をすることができます。
○納入告知書の保険料額
納入告知書の保険料額は、被保険者個々の保険料額を合算した金額になります。ただし、合算した金額に円未満の端数がある場合は、その端数を切り捨てた額となります。
○賞与にかかる保険料額
賞与に係る保険料額は、賞与額から1,000円未満の端数を切り捨てた額（標準賞与額）に、保険料率を乗じた額となります。
また、標準賞与額の上限は、健康保険は年間573万円（毎年４月１日から翌年３月31日までの累計額。）となり、厚生年金保険と子ども・子育て拠出金の場合は月間150万円となります。
○子ども・子育て拠出金
事業主の方は、児童手当の支給に要する費用等の一部として、子ども・子育て拠出金を負担いただくことになります。（被保険者の負担はありません。）
この子ども・子育て拠出金の額は、被保険者個々の厚生年金保険の標準報酬月額および標準賞与額に、拠出金率（0.36%）を乗じて得た額の総額となります。

出典：全国健康保険協会ホームページ
(https://www.kyoukaikenpo.or.jp/~/media/Files/shared/hokenryouritu/r3/ippan/r30213tokyo.pdf)

Point

◆狭義の社会保険とは、健康保険と厚生年金保険である。
◆法人で常時従業員を使用するもの、常時５人以上の従業員が働く個人事業所では、健康保険と厚生年金保険に加入しなければならない。
◆保険料は、被保険者と事業者が折半して負担し、事業者が納付する。

［西田弥代］

Coffee Break

異動届と離職票

倒産事件を処理していると、従業員の解雇に直面することがあります。

破産であると、破産申立代理人が会社の役員に指示して申立て直前に解雇の言渡しをするのが一般ですが、大混乱のうちに事業廃止に至ったときには、解雇をしないままに破産手続開始決定が出てしまうことがあります。そのようなとき、倒産実務に精通していない弁護士は、解雇はもちろん異動届の提出と離職票の交付もお座なりとなり、お鉢は破産管財人に回ってくることになります。

異動届（特別徴収にかかる給与所得者異動届）は、破産会社が従業員の地方税の特別徴収（事業者が従業員の給与から地方税分を天引きして従業員に代わって地方税を納付すること）をしている場合に、特別徴収を普通徴収（従業員が直接地方税を納付すること）に切り替えるための届出ですが、破産会社の従業員も散り散りになり、給与支払の明細もわからないと、いつまで特別徴収をしたかがわからなくなります。そういうとき、破産管財人としては、課税庁の自治体と協議しながら作成し提出することになります。

離職票は、雇用保険の失業給付を受けるために必要な書類ですから、元従業員は、一日も早い取得を希望します。この離職票は、社会保険労務士に作成手続をしてもらい元従業員に送付するのが通例ですが、破産会社が社会保険労務士に依頼していないこともあります。しかし、弁護士である破産管財人が離職票を作成するのは甚だ困難ですから、新たに社会保険労務士に依頼せざるを得なくなります。

些細なことに思われますが、倒産事件の処理についてはこのようなことにも意を用いる必要があります。

（髙中正彦）

❖索　引❖

〈さ〉

〈た〉

執筆者紹介

高中　正彦（たかなか・まさひこ）
1974（昭和49）年3月　早稲田大学法学部卒業
1979（昭和54）年4月　弁護士登録（東京弁護士会）
現在：高中法律事務所

市川　充（いちかわ・みつる）
1985（昭和60）年3月　東京大学法学部卒業
1995（平成7）年4月　弁護士登録（東京弁護士会）
現在：リソルテ総合法律事務所

堀川　裕美（ほりかわ・ひろみ）
2002（平成14）年3月　明治大学法学部卒業
2006（平成18）年3月　明治大学法科大学院修了
2007（平成19）年12月　弁護士登録（東京弁護士会）
現在：日比谷見附法律事務所

西田　弥代（にしだ・みよ）
2002（平成14）年3月　慶應義塾大学法学部卒業
2007（平成19）年3月　明治大学法科大学院修了
2008（平成20）年12月　弁護士登録（東京弁護士会）
現在：隼あすか法律事務所

関　理秀（せき・りしう）
2004（平成16）年3月　学習院大学法学部卒業
2007（平成19）年3月　成蹊大学法科大学院修了
2008（平成20）年12月　弁護士登録（東京弁護士会）
現在：TMI総合法律事務所

弁護士の周辺学　第2版
実務のための税務・会計・登記・戸籍の基礎知識

令和３年７月30日　第１刷発行
令和５年２月10日　第２刷発行

著　者　髙中正彦・市川　充・
　　　　堀川裕美・西田弥代・関　理秀

発　行　株式会社ぎょうせい

〒136-8575　東京都江東区新木場1-18-11
URL：https://gyosei.jp

フリーコール　0120-953-431
ぎょうせい　お問い合わせ　検索　https://gyosei.jp/inquiry/

〈検印省略〉

印刷　ぎょうせいデジタル株式会社
©2021　Printed in Japan
※乱丁・落丁本はお取り替えいたします。
ISBN978-4-324-10971-7
(5108694-00-000)
〔略号：弁護士周辺学（２版）〕

自信が持てない／今さら聞けない…
“あの場面”を乗り切るためのヒントが満載！

弁護士の現場力 民事訴訟編

事件の受任から終了までのスキルと作法

髙中正彦・堀川裕美・西田弥代・関　理秀【著】

●A5判・定価3,300円（税込）【電子版】価格3,300円（税込）

■法律理論や解説書的な叙述は最小限にとどめ、ノウハウや実践経験の叙述に徹底。弁護士共通の悩みや不安、疑問を丁寧に切り出し、わかりやすく解説します。
■現場において留意するポイントは何か、現場では何をすべきか、どういうことをすると失敗するのか、はたまた円滑に進行できるのか――。若手から中堅、ベテランまで、明日の実務に役立つヒントが詰まった一冊！

弁護士の現場力 家事調停編

事件の受任から調停終了までのスキルと作法

髙中正彦・堀川裕美・西田弥代・関　理秀【著】

●A5判・定価3,300円（税込）【電子版】価格3,300円（税込）

■離婚調停と遺産分割調停の受任から調停成立後までを、それぞれ４つの章に分けて、わかりやすく解説。重要な点は節ごとに抽出しているため、ポイントがしっかり押さえられます。
■「固い離婚の意思も豹変することがあるから、離婚ありきで考えない！」「調停待合室で大きな声で事件方針を話していると、スパイに筒抜けとなる！」など、現場視点の生きた情報をぎゅっと凝縮しています。

弁護士の現場力 刑事弁護編

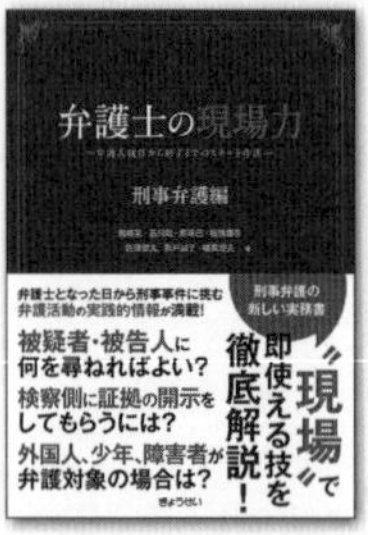

弁護人就任から終了までのスキルと作法

岩崎晃・石川剛・原琢己・板橋喜彦・佐藤健太・折戸誠子・橘真理夫【著】

●A5判・定価3,630円（税込）【電子版】価格3,630円（税込）

■刑事事件の受任から、判決を受けて控訴・上告までの一連の流れを４つの章に分けて、わかりやすく解説しています。外国人、少年、障害のある人が被疑者・被告人の場合まで３つの章で詳解！
■司法研修所での刑事弁護教官経験者や、刑事事件に日々情熱をもって取り組む経験豊富な執筆者による本書でしか学べないノウハウが満載です。

株式会社ぎょうせい
〒136-8575 東京都江東区新木場1-18-11

フリーコール　※電子版は ぎょうせいオンラインショップ 検索 からご注文ください。
TEL：0120-953-431［平日9～17時］ FAX：0120-953-495
https://shop.gyosei.jp ぎょうせいオンラインショップ 検索